季刊フォーラム

教育と文化

99

2020 Spring

2020 Spring
季刊フォーラム
教育と文化
99

もくじ

特集「探究型」の学びの行方

——新高校学習指導要領の可能性と課題

「探究型」の学びの行方――新高校学習指導要領の可能性と課題

「主体的学び」から読み解く新学習指導要領

菊地　栄治

きくち・えいじ

早稲田大学教育・総合科学学術院教授。一般財団法人教育文化総合研究所所長。専門は、教育社会学。国立教育（政策）研究所時代から一貫して〈一元的操作モデル〉にもとづく企てを批判的に捉え直し、〈多元的生成モデル〉にもとづく内発的な試みに伴走することにこだわってきた。「他人事≒自分事」という視点から足元のゼミづくりにも取り組む。主著に『希望をつむぐ高校』（岩波書店）、『他人事≒自分事』（東信堂）。

繰り返されるつまずき

「主体性は評価すべきか」「目玉のシステムが頓挫」という見出しが誌面に躍っている（『AERA』二〇二〇年七月二十七日号、六十八頁）。大学入試システムにも活用できると目されてきたe-ポートフォリオを主導する電子システムJAPAN e-Portfolio（JeP）の運営許可を取り消す方向で調整に入っているという報道である。大学入試改革のひとつ「主体性評価」もまた撃沈することになる。「主体性を評価しないといけないらしい」と右往左往する大学もどうかと思うが、そもそも「なんでも評価・測定でき、入学者選抜の材料にし得る」という前提そのものがじつに疑わしい。周知のように大学入試改革をめぐっては無理筋を通したことによる制度設計の失敗が続いている。国を挙げて（？）検討しておきながら、実施直前になって提案のいかがわしさに気づくという体たらくである。最大の成果は、国策に振り回されることの危うさを人々が体験的に学んだことかもしれないが、一連の不始末の最大の被害者は生徒たちである。

そうはいっても、新学習指導要領の「主体的・対話的で深い学び」という赤子を産湯ごと流し捨ててよいものだろうか。本稿では、高校でも二〇二二年度からスタートする新たな学びの提案をどう読み解き、どう生かしていくかを立ち止まって考えてみたい。

「主体的・対話的で深い学び」のルーツと推進

「主体的・対話的で深い学び」は、中央教育審議会が「新時代」を見据えた教育内容を検討する中で「アクティブラーニング」「ディープラーニング」等これからの社会に必要な学びの概念を総合する形で捻り出した言葉である。そもそもアクティブラーニングは、高等教育の大衆化に伴って拡大してきたジュニア・カレッジの学生たちの学習モチベーションをなんとか高めようと編み出された教育方法でもあった（溝上慎二『アクティブラーニングと教授学習パラダイムの転換』東信堂、二〇一四年）。加えて、いわゆる「学習のピラミッド」の土台部分を構成する学び合い等の方法こそが学習の定着率を高める上で最も効果的であると強調されたこともよく知られている。認知心理学研究においても、「認知過程の外化（見える化）」によって協働的な学びが可能になり、深い学びが実現していくという数多の研究や実践が報告されてきた。

　たしかに、大仰な理屈をこねなくとも、協働学習や参加体験学習等は各実践者の内発的授業づくり（＝暗黙知）として受け継がれその意義が実感されてきた。しかし、まだ知識基盤社会や先の読めない時代などということがさほどのリアリティを持たなかった時代においては、教科知識伝達型の旧来的な学習方法が墨守され、実際に学歴等の教育アウトカムも「一般能力のシグナル」としてそれなりに重宝がられていた。そんな中、かつての「児童中心主義VS本質主義」という教育学イデオロギー論争の隙間をついて、認知心理学・脳科学・教育経済学等が科学の装いのもとに改革推進の触媒となってきた。この変化は一見すると知識基盤型社会の必然的な流れにも見えるが、その政治・経済的な背景を不問に付すことはできない。

何に突き動かされているのか？
―政治的選択としての緊縮財政―

　高校教育もまた社会の形成者を育てるという意味において、経済社会と無関係であるわけではない。しかし、一九五〇年代半ば以降の教育改革で想定された経済社会は、既得権益の構造にもとづき、「権力」が指示・要求したものであり続けた。しかもその傾向は一層強まっており、私たちが気づかないままに主体的に付き従ってしまうほどの力を及ぼすにいたっている。たとえば、「高等教育の質保証」という一見ニュートラルな概念も、高等教育を公共財としてではなく、消費者ニーズの充足と経済的な効用を極大化するための教育(=道具)という前提に立って構築されている。まさに、福祉的な「質保障」ではなく、新自由主義的な文脈での「質保証」なのである。求める側の権力性が、「質保証」という言葉で巧みに脱臭され、あとは現場の技術論に委ねられるという仕組みである。とくに、近年では、社会人基礎力(「前に踏み出す力」、「考え抜く力」、「チームで働く力」の三つの能力)の向上が経済産業省によって提案され、これにたなびく形で文教施策も前のめりに展開されてきた。「主体性」は、目標の適否を主体的に問うことをしないまま、「前に踏み出す力」の構成要素のひとつとして制度化されていくのである。

さらに最近では、Society5.0が不可避のゴールとして設定されることで、人間が経済的価値を一義的に追い求める存在であるかのようにカリキュラムや教育方法が再構造化されていく。このことは、経済覇権をめぐる国際競争を是とすることで当然視される。教育の分野でも、OECDという国際経済関連組織の影響のもと、PISAの得点の高低を国家単位で競わされることが常態化してきた(成人リテラシーさえも!)。文脈に即した学びと言いながら、じつは、近代に特徴的な普遍的グローバリズムに則った「時代遅れの」改革にすぎない。しかし、制度の前提自体が、まるでパソコンに予めインストールされたOSが使用ソフトを制限し思考を枠づけるように、私たちの思考と日常を無意識裡に縛っていく。活用型の学力の重視が世界的な潮流として紹介され、PISAテスト得点の模範国の教育が紹介されていく中で、「主体的・対話的で深い学び」は自明視された効果的実践として唱道される。

一九九〇年代に入りバブル経済が崩壊して以降、日本経済はひたすらプライマリーバランスの維持、すなわち緊縮財政(財政の「健全化」)をゴールに据えてきた(一二〇〇兆円超の赤字を抱えても倒産しない国家の不思議…)。この「歴史的不始末」を根拠に、小さな政府を目指す動きに異論を唱えることさえ禁忌とされ、既存の経済構造と利権の仕組みが維持・強化されていった。国家間の経済競争と人材開発の遅れを嘆き危機感があおられ、私たち自身によって経済を組み立て得るという原則（＝財政民主主義）自体が忘れ去られてきた。後期近代に特有のやり口で個人の不安をあおり、人々を「強い個人」に向けて駆り立てていくことで、失敗の自己責任化が貫徹していく。教育もまた当然のようにその一端を担わされているのである。ここに、「主体的・対話的で深い学び」が国家的な要請とされる隠れた歴史的文脈がある。出口としての民間テスト産業の振興を典型として、さまざまな利害と思惑が複雑に絡み合う中で、教育の経済化が一層進んでいく。そのなれの果てが冒頭の制度化の失敗なのである。

主体的な学びの生かし方

これらの動向をふまえるとき、私たちはどのように対応するのが賢明であろうか。ひとつの方向としては、これら学びの新展開の一切合切を骨抜きにすることが考えられる。しかし、こうした対応は、おそらく不徹底に終わり、かつ、横並びに評価され「できない教師」としてレッテルを貼られ、個々人が社会的に疎外されるという結果しか生まない。なにより保護者からの理解も得られにくいであろう。

他方で、教授者主体から学習者主体への視点の転換を促すという点では、「主体的学び」は現場の状況に応答する内容を含んでいることも否定できない。学習を他者の目線に立って織り直すときに、実践がリフレクトされ、教師は鍛えられていく。生徒の主体的な学びを「省察する教師」とかかわらせて考えるとすると、それ自体はこれまでの教師のあるべき方向性として提起されたことともつながる。生徒や保護者との信頼関係構築の拠り所になることは拭い難い事実である。

ここで重要なのは、社会の形成主体としての学びへの着眼である。学びが主体的であることは当然のことであるし、学ぶ意味を自らが見つけ、自分なりの研鑽を行い、新しい世界が開かれてくること自体が誤っているわけではない。「主体的な学び」をめぐる微妙な違和感がどこから来ているかといえば、まさに学びのありようをだれが決め、それがだれにとっての意味なのかを深く問う機会を当事者から奪っている点にある。「主体的な学び」や「主体性」なるものを逆手にとって、学ぶこととそれを支えることの意味を充実させることを考える方が、教育も社会も有意義かつおもしろい展開になるに違いない。

まず、生徒の学びについてであるが、私たちはまだまだほんとうに「生徒の主体性」なるもの（あるいは、権利主体としての生徒）を中心に置いているとはいえないのではないか。アクターとして生徒を遇するには、もっと生徒の生活背景を整えなければならないという視点に立つ必要がある。食うや食わずの生活環境で主体性を発揮することは困難である。したがって、主体として生きていくために、大人たちには（行政も含めて）何をしなくてはいけないかという問い返しが欠かせない。加えて、権利主体として賢明なる選択をするには（ときに誤った選択をするにしても）、幅広な経験を積んでいくことが意味を成す。入試に右往左往させられたり、大人の欲得で早期の受験準備をさせられたりでは豊かな経験は望めない。そのためにもインクルーシブな社会を前提としたインクルーシブな教育が必要なのは言うまでもない。たとえば、小学校・中学校ともに、特別支援学級がこれまでになく激増しているが、この変化は深い「主体性」を保障する上では決定的にマイナスの変化である。

さらに、「総合学習（総合的探究）」は、主体的な学びへとつながるように工夫されれば、まさに得難い経験を提供できる。しかし、残念ながら、昨今の動きはある意味では断片化された教科主義に先祖返りしている。異質な他者と多様な経験を行い、できれば、社会をどのように再構築するかという視点から生徒自身が社会像を含めた学びをデザインしていく必要がある。とくに、高校教育以降はこの課題がきわめて重要になってくる。ところが、概して進学校を中心とする課題研究や探究的学びは必ずしも他者の切実さにリアルに寄り添っているとはいえない。平たく言えば、「頭でっかち」である。そうすると、「わかったつもりになる」学習ばかりが栄えて、困っている状況をいっしょに生きつつ現実を打開するという豊かな学びへとつながってはいかない。

「余白」と「遊び」の意味

生徒の「主体的学び」を保障する上でもうひとつ重要なのは、「余白」や「遊び」を保障することである。じつは、繰り返される入試改革の失敗の根っこは、その直線的で単純な発想にある。まさに行き過ぎた近代の論理（客観主義・論理主義・普遍主義）である。こうすればこうなるはずだという個人主義的線形思想から一歩も出ない前提で制度化しようとしている点に土台無理がある。教師の答えに合わせるという隠れたカリキュラムを悪用するのではなく、問いを生徒自身が創っていく経験を重ねていくことである。生徒の立てた問いに教師は好奇心をもって受け止めつつ伴走し深めていく。これらの変革の方向性は、生徒の「主体的な学び」に一定の結果をもたらすことにつながる。しかし、これだけでは個人化を進めるにとどまってしまう。もうひとつのポイントは、「他者化の病」をいかにして阻止するかである。

この意味においても、異質な他者とともに世界を創っていく主体として生きていくというベクトルが重要になる。個人化のさらなる進展と経済的な不平等の増進に歯止めをかけるには、個人化され他者化された目線をつむぎなおさなければならない。そのためには、学校生活の日常において目の前の他者が権利主体（「何」ではなく「誰」）として「現れること」が前提となる。性別や学年や成績…などの表象の次元ではなく、当事者が権利主体としての人間と「出遇う」経験を重ねていくしかない。人と人の間にあるものに関心をもち、だれも排除しない空間の中で初めて人間としての主体性が発揮され、自分自身さえもモノ化される事態を回避できる。この学びのプロセスを保障することこそが国家や社会の責任なのである。すでに内発的に試みられている根源的な「主体的な学び」にかかわる多様な実践を手がかりとしつつ、教師が学び合い、とくに実践の意味を深め合っていくことが欠かせない。教師の学び合いが対話的空間を培い組織文化をつむいでいくことで、主体的な学びの実践は少しずつ持続可能になる。そのための条件整備は必須である。

教師の学びは大丈夫か？

生徒の「主体的な学び」を保障する上で欠かせないのが、教師サイドの学びである。一九九〇年代以降の教育社会の変化は、この点で主体性の保障に逆行してきたといってよい。最も身近な大人の一人が教師であるとすれば、「主体的な学び」のモデルのひとつでなければならない（反面教師もアリだが）。これに多忙化の現実が暗雲となって迫る。

多忙化の根本的な解決をしないまま現実対応を迫られるとき、往々にして共通マニュアルに教師も依存するように追い込まれていく。ましてや同僚性が貧相になっている組織ではなおさらである。主体的学びを阻害された教師たちが客体化されるとき、生徒の「主体的学び」を促すような教師が育っていくはずもない。多忙化に苛まれた教師にとっては往々にして各教科・科目の内部で、個人的な工夫によって改善可能なものに専心するようになる。とくに、組織的な支えが不可欠な〈しんどい高校〉では教師の個人化がさらに困難さを増し、結局ツケはしんどい生徒に回る。

保障されるべき主体的な学びとは?

主体的な学びの目的は、国家主義や資本主義に都合よく主体的に適応する能力を高めることにあるのではない。かといって主体的であるから悪いというわけでもない。要は、「自明視された世界」をきちんと問い直すための道具立てを手に入れることを促すことである。もちろん、面白おかしく問い直すわけでもなく、人類として生きることの支えとしての学びを保障するために問い直すのである。人間の弱さやできなさを基点にしながら、社会のいたらなさ(不正義など)を看破し、新たな社会を再構築していくための「他人事⫶自分事」の学びをそれぞれのやり方で実現していくことが、各教科を含めて学校教育の中で本来的な主体的学びが実現していくかどうかのカギを握る(拙著『他人事⫶自分事』東信堂、二〇二〇年、参照)。

社会の形成者を育てるべく公教育の社会的使命は何かを明確にしていくことなしには、主体的学びは単なる経済社会を効率よく切りまわし、権力に付き従う従順なる身体を生産する国家的戦略に加担する結果をもたらすにすぎない。私たちはどのような社会に生徒を送り出そうとしているのか、その社会像を実践する者がどのようにイメージし、これを共有できているかが、個々の教室や学校の対話的関係の中でそれこそ主体的に問われなければならない。

新学習指導要領における「探究」的学習の実践的意義と諸課題

デューイの「探究」論を手掛かりに

澤田 稔
さわだ・みのる

上智大学総合人間科学部教授。専門はカリキュラム・教育方法論、比較教育学。共著に『現代カリキュラム研究の動向と展望』（教育出版）、『検証 新学習指導要領 ―ゆたかな学びの創造にむけて―』（アドバンテージサーバー）等。

本稿の目的は、「探究」あるいは、「探究的」と呼ばれる学習に関する実践上の意義と課題について、今次学習指導要領における主要改訂ポイントの一つである「主体的・対話的で深い学び」という学習論を念頭に置きつつ、デューイの議論を手掛かりに一定の知見を整理することにある。

よって、以下では、次のような問いに関して検討することになる。「探究」とは、近年の学習指導要領（及び、そのプロトタイプとしての中教審等答申）において、どのように位置付けられ、扱われてきたのだろうか。「主体的・対話的で深い学び」と「探究」との間には、どのような関係があると考えられるのだろうか。こうした国による教育課程基準における扱いの前に、そもそも「探究」とは何を意味する概念なのだろうか。現代教育学における「探究」概念の直接のルーツであると言ってよいデューイの哲学的議論では、「探究」はどう定義づけられ、特徴付けられているのであろうか。これら諸点を視野に収めた上で、私たちは、この種の学習に関して、教育現場において意味のあるどのような実践的見通しを持つことができるのだろうか。

本号は、高等学校の新学習指導要領を批判的に再検討する特集として編まれているが、「主体的・対話的で深い学び」

や「探究」学習は、今や義務教育段階から一貫して重視されているエレメントであると言ってよいので、実践に関する考察では、義務教育段階の例も適宜参照しつつ進めていくこととしたい。

1　学習指導要領小史における「探究」または「探究的」学習の所在

［1］一九五八年以降——一部教科における「探究」

「探究」という言葉自体は、日本における教育課程の国家基準を示す学習指導要領の中でずいぶん昔から使われてきている。官報告示という形式が備わることで一定の法的拘束性を有することになったとされる一九五八（昭和三三）年版以降、この言葉が学習指導要領から消えたことはない。しかし、それはつい最近まで、ほぼ高等学校、しかも理科に集中していたと言ってよく、その他には高等学校の社会（または地理歴史や公民）でわずかな頻度で用いられていたに過ぎない。

学習指導要領の中で、主として理科の学習に関して言及されてきた「探究」という言葉に関しては、その定義がそこで明示されているわけではない。ということは、理科＝自然科学においては、「探究」という言葉は説明不要とみなされているからだろう。すなわち、研究主題（問い）を設定し、一定の仮説を立て、観察や実験とその分析を通して仮説を検証し、その結果を考察するという、自然科学系の研究者であれば誰もが携わる営為が、「探究」という言葉で表現されていたのだと解釈することができる。こうした科学的営為は、自然科学を範とする社会科学にも見られよう。このような意味での「探究」という言葉は、いわば自明なものとして扱われ、学校教育において際立った存在感を放つということもなかったのである。

［2］一九九八・九九年以降——「総合的な学習の時間」を中心とする「探究」

「探究」が、学習のひとつの存在形態として関心を引くようになり、その重要性に関してより自覚的に言及されるようになったのは、おそらく「総合的な学習の時間」が新設されて以降のことであろう。この新領域は、一九九八・九九（平成一〇・一一）年改訂学習指導要領で導入された。一九九六（平成八）年中教審答申「21世紀を展望した我が国の教育の在り方について」で「生きる力」という理念が初登場し、これを育む上で不可欠な領域として「総合的な学習の時間」が新設されたことが、学習のあり方としての「探究」に注目が集まる重要な契機となったのである。同学習指導要領では、その総則の中で、「総合的な学習の時間」の指導上のねらいが次のように示された。

（1）自ら課題を見付け，自ら学び，自ら考え，主体的に判断し，よりよく問題を解決する資質や能力を育てること。

（2）学び方やものの考え方を身に付け，問題の解決や探究活動に主体的，創造的に取り組む態度を育て，自己の在り方生き方を考えることができるようにすること。

当然ながら、これら二つの項目は一連のものとして捉えられ、主体的な問題の発見や課題の設定から始まり、その問題・課題の解決に向けて取り組む学習が探究活動と位置付けられるようになった。

ただし、上記九六年答申や九八年学習指導要領段階では、「生きる力」の定義にはまだ少なからず曖昧さが残っていたと言わざるを得ない。さらに「総合的な学習の時間」も、学習指導要領において、各教科や特別活動のようには独立章が設けられず、その目標や内容は「総則」の一部に記載されていたのみであったため、「生きる力」を育む上で必要な領域として新設された「総合的な学習の時間」における「探究」活動なるものに関しても、上に抜粋した以上の記述は見られなかった。

その意味で、「探究」という学習の位置付けや解説が、誰の目にも明らかなかたちで整備されたのは、この次の二〇〇八 - 〇九（平成二〇 - 二一）年改訂版においてであったと言えよう。

図表 1

探究的な学習における生徒の学習の姿

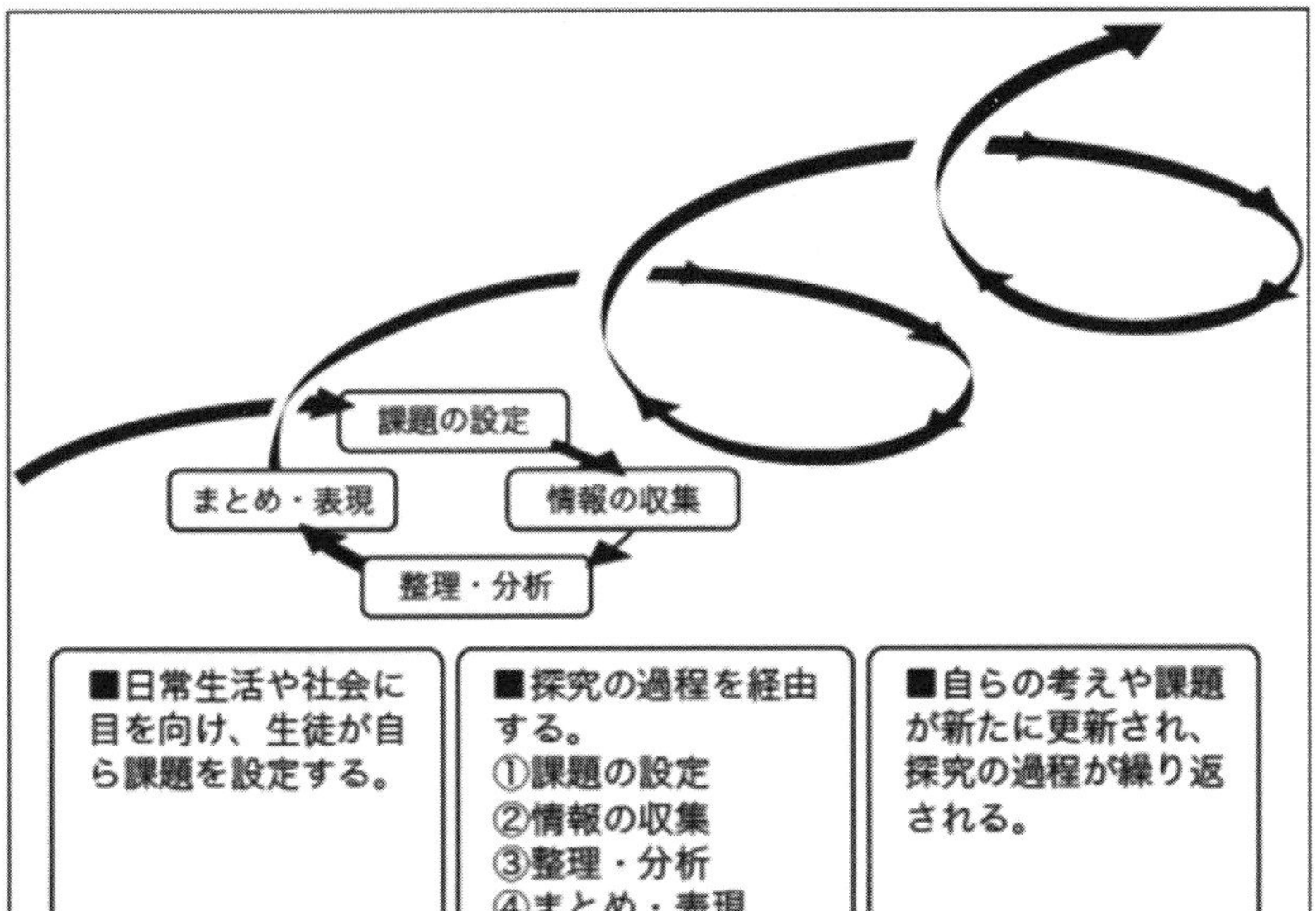

出典：文部科学省『高等学校学習指導要領解説総合的な学習の時間編』（2009 年）p.12

この学習指導要領で、「生きる力」は、二〇〇六年に改められた教育基本法に則し「知・徳・体」の三つのカテゴリーで再整理され、「総合的な学習の時間」は学習指導要領本体に独立章を得るという「格上げ」がなされ、それにより、各教科や特別活動等と同様に「学習指導要領解説」が発刊されるに至り、この「解説」で「探究」に関する説明が詳細に展開されることになったのである。その中で着目しておくべき点として、次の三つを挙げておこう。

第一に、「総合的な学習の時間」の目標として、「横断的・総合的な学習や探究的な学習を通して」という文言にあるように、「や」で結ばれた両者が密接に関係するものとして描かれたことによって、「探究的な学習」が同時に教科横断的な学習でもあるものとして表象される傾向が強まったという点がある。もちろん、教科横断的という要因と探究的という要因とは次元を異にする問題であり、必ずしも一致するものでもないが、「探究」という学習のあり方の意義が、他でもなく「総合的な学習の時間」という領域において明示的に強調されたために、「探究」=総合的な学習の時間において求められる学習のあり方、という図式が成立することになったのである。

第二に、この「探究」の内実に関しては、「高等学校学習指導要領解説　総合的な学習の時間編」（二〇〇九年）に「探究的な学習における生徒の学習の姿」と題して挿入された図についてである（図表1・この図はもちろん小中学校の同解説にも提示されている）。この図が、探究的な学習のあり方についてのごく簡素なイメージを人口に膾炙することに寄与したと言えよう。そこでは、「探究」の過程が「課題の設定－情報の収集－整理・分析－まとめ・表現」という四段階で示され、この過程が上方スパイラル状に反復されるものとして描かれている。この図の妥当性に関しては検討の余地があるが、「生徒が自ら課題を設定する」ことが強調されていること、このスパイラルがエンドレスに展開するように描かれていることは注目に値しよう。

第三に、上記「解説」で、探究的な学習が、唯一の、あるいは簡単な正解のない問題について、その本質を探る営みであることが強調されている点である。このことは、「容易には解決に至らない日常生活や社会、自然に生起する複合的な問題を扱う総合的な学習の時間において、その本質を探って見極めようとする探究的な学習によって、この時間の特質を明確化する必要がある」という叙述に明確に表現されていよう（一〇頁）。

「探究」という言葉は、学習指導要領の歴史においては、長らく一部の教科でしか用いられていなかったが、このように「総合的な学習の時間」新設以降、生徒自身が、自らの生活や社会の中から自分なりの問いを見出して課題を設定し、一つの教科や領域に収まらないそのような問いについて自ら学び、考えて、その課題を解決していく過程を経るという学習の存在形態を指するようになったのである。

くわえて、次の点も確認しておこう。二〇〇八・〇九年改訂学習指導要領では、学習が持つ三側面として「習得・活用・探究」という（なかば段階論的にも見える）図式が導入されて耳目を引いたことは記憶に新しい。この図式は、周知のように最新の学習指導要領でも継続的に適用されている。「習得」とは、基礎的・基本的な知識・技能を確実に身につける学習を意味し、「活用」とは、複雑で現実的な場面でそうした知識・技能を活用して課題を解決するための思考力・判断力・表現力を身につける学習を意味するとされ、これらは各教科で、教師により（あるいは教科書で）設定された課題に基づき展開される学習であるのに対して、「探究」は（一定の環境設定や枠組は教師から与えられるとしても）生徒が自ら課題を見出して、その解決に向けて上述のような過程をたどる学習として、だからこそ、主に「総合的な学習の時間」で展開される学習として位置づけられたのである。この「習得・活用・探究」という図式の導入も、「探究」という側面に注意が注がれるようになった大きな契機を提供したと思われる。

2 新学習指導要領（二〇一八年改訂）における「主体的・対話的で深い学び」と「探究」の位置付け

［1］新学習指導要領における「主体的・対話的で深い学び」の布置連関

今次改訂学習指導要領に目を移すと、その最も主要な改訂ポイントとしては、「社会に開かれた教育課程」の実現、「資質・能力を中心とする教育課程」への転換、「主体的・対話的で深い学び」の推進、「カリキュラム・マネジメント」の確立という四本の柱を見いだすことができるように思われる。しかも、これらは相互に密接に結びついている。したがって、「主体的・対話的で深い学び」の学習指導要領における位置づけを理解する上で、これら相互の関係を確認しておく必要がある。

「社会に開かれた教育課程」の実現は、今回の改訂で初めて登場したスローガンである。これは「よりよい学校教育を通じてよりよい社会をつくる」という理念を中核とする。このような理念を実現するという目標を学校と社会が共有するならば、社会をよりよくしようと主体的に社会や世界に関わり向かい合い、様々な問題を協同的に解決していけるような子どもが育つ必要がある。ということは、すなわち、そうした資質・能力が育まれる必要があるということになるだろう。とすれば、教育課程も、習得すべき知識の羅列にとどまることなく、そうした資質・能力の育成に適合した「資質・能力を中心とする教育課程」に転換する必要が出てくるということになる。そこで重視される資質・能力が、現実の社会をよりよいものにするための主体的・協同的な問題解決能力と呼びうるものを指すとすれば、教育の方法論的側面に関しても、子どもを知識・意味の再認・再生を主とする受動的な役割から、それらを活用・生産する積極的な活動主体（アクティブ・ラーナー）へと転換させるような「主体的・対話的で深い学び」を推進する必要性が生じる。さらに、そうした資質・能力の育成を、子どもの実態に即しつつ明確な教育目標として設定し、その目標を達成するため、それにふさわしいカリキュラムを編成・実施して、そのカリキュラムを通して子どもが成し得た学びの内実を把握し、その結果を振り返って改善を図るという、各学校における主体的なカリキュラムづくりと評価の営みとしての「カリキュラム・マネジメント」が様々な水準で確立される必要があるという理路が開かれることになる。上記四本柱は、このように相互に密接な関係にあると判断できるだろう。

後の考察との関係で、とりわけ注目しておくべきは、「主体的・対話的で深い学び」、すなわちアクティブ・ラーニング（以下ALと略記）が、「よりよい学校教育を通じてよりよい社会をつくる」という、単なる社会適応にとどまらず社会批判や社会改良にまで射程に収めうる理念のもとにあるという点である。むろん、二〇〇六年教育基本法や二〇〇七年学校教育法の（部分的にであれ）権威主義的な要素の混入や、国レベルだけでなく地方自治体レベルの教育行政が抑圧的に働く場合を考慮すると、行政文書におけるそうした社会批判的・社会改良主義的視座がどこまでの有効性を持つのかという点に関しては決して楽観できない。しかし、それでも、こうした理念を平和主義や人権主義の拡大に結びつけて教育運動を展望・展開していくことは可能であろう。

［2］「主体的・対話的で深い学び」と「探究」の拡充

この点は、高等学校に関する限り、今次学習指導要領解説各教科・領域編の「第1章 総説」で、「主体的・対話的で深い学び」＝ALの重要性が、本稿における「探究」という学習のあり方と明示的に結びつけて強調され、しかも、この強調点を具現化するかたちで、科目再編、さらには領域名の変更さえ行われただけに十分に銘記しておく必要があろう。要するに、高等学校においては、「よりよい学校教育を通じてよりよい社会をつくる」という理念を核とする「社会に開かれた教育課程」を実現するための一環として「主体的・対話的で深い学び」の推進がめざされ、そこで重要な位置を占めるのが「探究」という学習の存在形態だというわけである。この点を端的に表現している一節が以下である。

> また、選挙権年齢及び成年年齢が18歳に引き下げられ、生徒にとって政治や社会が一層身近なものとなる中、高等学校においては、生徒一人一人に社会で求められる資質・能力を育み、生涯にわたって探究を深める未来の創り手として送り出していくことが、これまで以上に重要となっている。「主体的・対話的で深い学び」の実現に向けた授業改善（アクティブ・ラーニングの視点に立った授業改善）とは、我が国の優れた教育実践に見られる普遍的な視点を学習指導要領に明確な形で規定したものである。

今次高等学校学習指導要領では、ここに示された趣旨に従って大幅な科目再編が行われることが、図表2を一瞥しただけでも理解できる。特に本稿の目的に照らせば、複数の教科で「探究」という言葉を含んだ名の選択科目が従来の一部科目に取って替わって新設されている点や、旧来の「総合的な学習の時間」が「総合的な探究の時間」に名称が変更されている点が目を引く。それぞれ順に、若干の検討を加えておきたい。

［3］教科学習における「探究」の導入・拡充

一部教科で、その名に「探究」を含む科目名が増えた点に関して言えば、それが最も目立つ地理歴史科の学習指導要領解説を繙くと、上に引用した「第1章　総説」の一節を部分的に再録して、これらの新科目が設置された根拠が力説されている。たとえば、「地理探究」における改善・充実の要点の一つとして、「主題」や「問い」を中心に構成する学習の展開が掲げられており、その中で「定まった答えのない課題を対象に試行錯誤を重ねながら探究する活動」の必要性が謳われている。あるいは、地理分野で「現代世界におけるこれからの日本の国土像」を問う探究項目の充実の一環として、「日本が抱える地理的な諸課題を生徒自ら見いだすことを通して、その解決と望ましい国土の在り方を実現するためにどのような取組が必要であるかを探究する」学習が含まれることが言及されている。こうした容易な正解のない問題に関する学習や自ら課題を設定することを重視する姿勢は、すでに触れた従来の「総合的な学習の時間」における「探究的」な学習のあり方と同様であることが確認できよう。

その上で注意すべきは、このような「探究的」な学習は、「〇〇探究」という名の選択科目でのみ求められているのではなく、

図表２

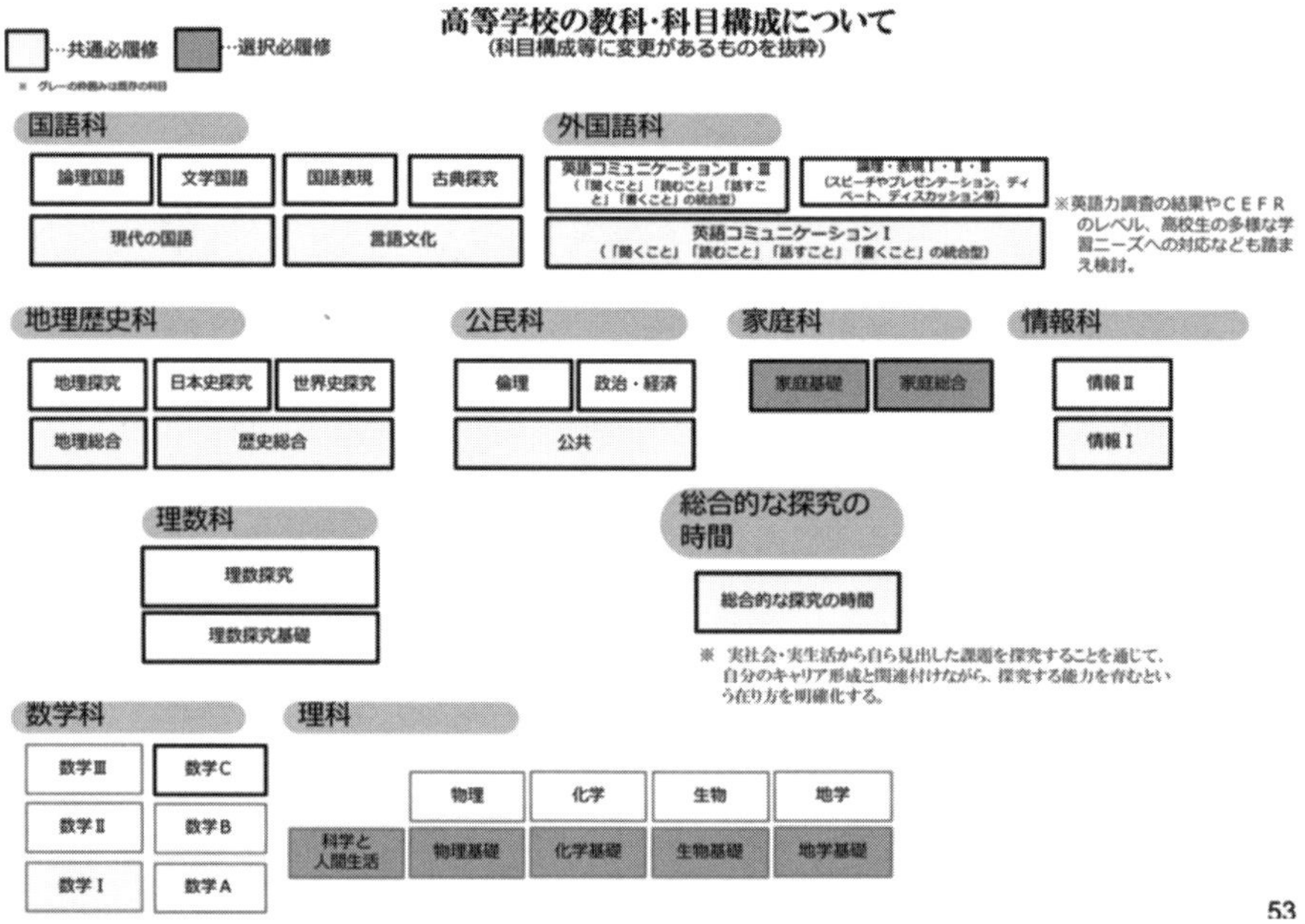

出典：文部科学省「新しい学習指導要領の考え方 - 中央教育審議会における議論から改訂そして実施へ -」（平成 29 年度 小・中学校新教育課程説明会（中央説明会）における文部科学省説明資料）2017 年
https://www.mext.go.jp/a_menu/shotou/new-cs/__icsFiles/afieldfile/2017/09/28/1396716_1.pdf （2020 年 8 月 15 日検索）

その前に履修する必修科目等においても「主体的・対話的で深い学び」の一環として重視する傾向が顕著になっているという点である。たとえば、国語科を見ても、「論理国語」や「文学国語」で「課題を自ら設定し探究していく学習が大切である」と明記されており、この方針に伴う指導事項が設けられている。これは、地理歴史科でも同様である。実際、日本史と世界史との線引きを無くした必須科目「歴史総合」の大項目の一つ「現代的な諸課題の形成と展望」では（「探究」という言葉こそ直接用いられてはいないものの）「生徒が自身の関心をもとに主題を設定し，歴史的な経緯を踏まえて現代的な諸課題を理解したり，考察，構想したりする学習」という「探究的」と呼びうる学習を設定している。ここでは詳述しないが、そこで生徒が主体的に設定することを求められる課題も、単純な正解に対応するものではなく、容易に解答が定まらないような、明らかに追求性の高い水準の問いが求められている。これらを要するに、今や教育課程全体で「主体的・対話的で深い学び」が要請されている文脈において、そのような学びの重要な表現形態として、「探究的」な学習は、「○○探究」という名称の科目にとどまらず、それ以外の多くの科目における教科学習においても導入・推進が図られているということになる。

　以上を踏まえた上で、ここで確認しておきたいことが二点ある。

第一に、「探究的」な学習が、主として「総合的な学習の時間」で展開されるという印象をもたらしてきた近年の学習指導要領とは異なり、今次改訂の新高等学校学習指導要領では、各教科においても、より積極的かつ十全に導入・推進すべきであるという姿勢が明示されるようになったという点である。一九九八年改訂学習指導要領において「総合的な学習の時間」が新設され、その指導上のねらいに「探究活動に取り組む」ことが明記されたことを契機に、「探究」という学習のあり方が、学校教育（あるいは教育課程編成）における主題として、それまでよりも自覚的に論究されるようになり、さらに二〇〇八・〇九年改訂学習指導要領においては、学習の様態を「習得・活用・探究」という三つのあり方として区別し、前二者を各教科で、探究を主に「総合的な学習の時間」で展開するという図式が設定・導入されたという一連の動向の中で、「探究」＝「総合的な学習の時間」における学習のあり方、という見方が一般化したように思われるが、今次改訂の高等学校学習指導要領では、「探究的」な学習の重要性・必要性が、各教科にも拡充的に明記されるようになったのである。この点は、職業学科をはじめとする専門教育を主とする学科で開設されている教科に関しても当てはまる。

第二に、こうした問題解決型の学習は、「探究」という言葉こそ使われてはいなかったものの、一九九九（平成一一）年改訂版以降の高等学校学習指導要領で、多くの教科に導入され、その検定教科書には該当する学習内容が扱われてきたという点である。その意味では、教科学習における「探究」型の学習の導入・拡充は、全く目新しい傾向ではなく、すでに存在していたその傾向が、今次改訂学習指導要領で、より自覚的・明示的に拡充・推進されようとしているのだと捉えるべきだろう。

実際、たとえば、一九九九（平成一一）年改訂版学習指導要領国語科現代文の指導項目には「自分で設定した課題を探究し，その成果を発表したり報告書などにまとめたりすること」が含まれており、また地理歴史科では「主題を設定し追究する学習」が、理科には「応用的，発展的な課題を設定し，観察，実験などを通して研究を行い」、科学的に「探究する方法や問題解決の能力を身に付けさせる」ための「課題研究」が、さらに専門学科の諸教科（農業、工業、商業、水産等）には「課題を設定し，その課題の解決を図る学習」としての「課題研究」が含まれていたのである。この方向は、現行版二〇〇九（平成二一）年改訂版でも変化がないというよりも、むしろ強化されたと言ってよい。

しかし、特に普通科においては、こうした「探究」型の学習のための課題設定が教科書に含まれていても、実質的に意味のある取り組みはほとんど実践されてこなかったというのが、大半の高校現場での実情だったのではなかろうか。この点は、A

L的な学習に関しても同様のことが言えそうである。中教審の「高大接続特別部会における答申案取りまとめに向けた要点の整理（案）」（二〇一四年一〇月一〇日）で「特に小・中学校においては、知識・技能の習得に加え、知識・技能の活用力を含めた育成が図られるよう、多くの関係者による努力が重ねられてきた」と言われたのは、少なくない高校でその努力が不足していたのではないかという批判的視点の裏返しであろう。したがって、今次改訂学習指導要領は、「主体的・対話的で深い学び」として再定式化されたALとともに、「探究的」な学習についても、全く新たに導入されたものというよりも、政策上部分的にはすでに取り込まれていた方針の実質化・拡充を目指すものと解釈すべきであろう。

［4］「総合的な探究の時間」への名称変更

同様の点は、「総合的な学習の時間」から名称変更された「総合的な探究の時間」についても当てはまるように思われる。すなわち、上述した各教科の授業改革と連動させるかたちで「探究」というキーワードを含む新たな領域名をアドバルーンとして掲げ、高校教育関係者の注意を喚起することで、小中学校に比べて取り組みが不十分とみなされていた総合学習を本格化させようという狙いから生まれた施策と解釈できるいうことである。

ここで詳しく論じる余裕はないが、この名称変更に特段の実質的な意味を含ませるのは無理があるように思われる。今次改訂の学習指導要領においては、周知のように、全教科・領域の「目標」が、学校教育法第三十条二項に示されたいわゆる「学力の三要素」に合わせて、「知識・技能」、「思考・判断・表現」、「主体的に学習に取り組む態度」の三つのカテゴリーで再整理された。また、「深い学び」の鍵として導入された各教科・領域が固有に備えている、その教科・領域を学ぶ「本質的な意義の中核」をなすものとして「見方・考え方」という概念も導入された。これらが「総合的な学習の時間」や「総合的な探究の時間」にも適用されたことは、行政的一貫性としては合理的であるとしても、教育学的に妥当であるかどうかは大いに疑念が残る。

さらに、『高等学校学習指導要領解説総合的な探究の時間編』では、小中学校の「総合的な学習の時間」が「課題を設定し，解決していくことで，自己の生き方を考えていく」のに対して、高校の「総合的な探究の時間」では「自己の在り方生き方と一体的で不可分な課題を発見し，解決していく」という点で両者には違いがあるという説明を加えた上で、この説明は子どもの発達段階という視点を踏まえた上での再定義だとされているが、これを説得的とみなすことは難しい。むしろ、アドバルーンとしての名称変更が先行し、後付けで理屈が整えられたとの

図表３

高等学校学習指導要領における「探究」の位置付けとその変遷

・1958年改訂～

➢ 主に「理科」で「探究」という言葉が用いられている箇所があるが、他教科ではほとんど見られない。
➢ 自然科学的思考の道筋（科学的思考法）としての「探究」
　―科学においては自明な用語のため、無自覚的な使用

・1999年／2009年改訂

➢ 「総合的な学習の時間」における「探究」が中心に―教科横断的な「探究」
➢ 「習得・活用・探究」＝教科における「習得・活用」、「総合的な学習の時間」における「探究」という図式
　→ ただし、一部教科でも「課題研究」などの探究的な学習の導入
➢ 「探究」の自覚的強調

・2019年改訂

➢ 「総合的な探究の時間」―「総合的な学習の時間」における「探究」（教科横断的）の実質化
➢ 各教科における「探究」的な学習の拡充

「探究」
・「総合的な探究の時間」―教科横断的　　―市民的探究
　　　　　　　　　　　　　　　　　　　　　　↑
・各教科における「探究」―教科固有の「見方・考え方」重視　―学問的（科学的）探究

※ 筆者作成

印象を拭えない。管見によれば、学習指導要領解説としては、二〇〇九（平成二一）年改訂版総合的な学習の時間編の方が論理的には整理が行き届いているように思われる。

しかし、「総合的な学習の時間」であれ「総合的な探究の時間」であれ、その建て付けの細かな点に課題が残るにしても、その出発点としての「自ら課題を見付け，自ら学び，自ら考え，主体的に判断し，よりよく問題を解決する」というねらいに立ち帰れば、後期近代という時代状況を視野に入れるとき、学習領域としてのその存在意義は否定すべくもない。グローバル化や情報化・ＡＩ化の進展に伴い社会が加速度的な高度化・複雑化を遂げつつある中で、私たちが向かうべき方向性に関して、専門家でさえ明確な見通しを持つことが困難な場合や、専門家間で意見が一致しない場合も少なくない。このような状況において、今後の社会がどうあるべきかということについての判断を、専門家や一部のエリート、あるいは職業政治家にのみ委ねていれば済むというわけにはいきそうにない。そうした社会では、そもそもこの社会のどこに問題があるか、あるいは、どのような問題を優先的に解決していくべきなのか、それをどのように解決していけばいいのかといった諸点について、いろいろな角度から考え、調べ、他の人々とも協働しながら検討しつつ、自分にできることを判断して行動に移していくことが、社会のどのような立場の人々にも必要になろう。他方で、学校で教師に

与えられた問題に対する教師が望む解答を吸収・再現するというだけの学習では、子ども・若者たちは、そのような問題設定や試行錯誤的な問題解決の経験を大人になる前に全くできないということになりかねない。とすれば、そうした意味での「探究」活動に取り組む機会が、どの子ども・若者にも与えられてしかるべきであるという点で、「総合的な学習の時間」や「総合的な探究の時間」の取り組みは、教科における「探究的」な学習とともに充実化が目指されてよいだろう。

とはいえ、各教科、および総合的な探究の時間の双方で、「探究」と呼ぶにふさわしい学習を具体的実践として展開していく上での課題は、ただ学習指導要領やその解説に従うだけで解消できるようには思われない。むしろ、学習指導要領やその解説を最大限に活かすにも、それらを批判的に、つまりはできるだけ多面的・多角的に検討する必要があるだろう。以下では、その一環として、「探究」概念の教育学的ルーツと言ってよいジョン・デューイの議論を参照して、実践構築に向けた一定の見通しを整理しておきたい。その上で、終章において、具体的な実践事例と、そうした実践を広く充実化する上で踏まえておいてよい諸課題を確認することにしよう。

3 デューイ「探究」概念の射程——「社会的探究」の実践的意義

教育学における「探究」概念は、アメリカの哲学者J．デューイに負うところが非常に大きいことは周知のことと言っていいだろう。そこで本節では、後の考察で必要な限りで、デューイによる「探究」論の中で特に着目しておく必要がある論点を取り上げて整理した上で、その理論を「社会的探究」として総括する教育哲学的視点が示唆する教育実践構築上の今日的意義について簡略な試論を提示したい。

［1］「問うこと」としての「探究」

「探究」としての学習は、時に問題解決学習と呼ばれることがある。たしかに、探究には、解決を目指すという側面がある。実際、デューイも探究を不確定状況の確定状況への変容として定義づけている。曰く、「探究とは、不確定な状況を、確定した状況に、すなわちもとの状況の諸要素をひとつの統一された全体に変えてしまうほど、状況を構成している区別や関係が確定した状況に、コントロールされ方向づけられた仕方で転化させることである」（デューイ訳書、一九六八、四九一‐二頁）。

しかしながら、同時に、探究が英語のinquiry（インクワイアリ）の訳語であることも思い出しておきたい。この名詞のもとの動詞inquire（インクワイア）の意味はaskに近い。つまり「探究」とは何よりもまず「問うこと」を意味するのである。問いを持つことがなければ、探究は始まらない。デューイは、この点を端的に次のように述べている。「『探究』と『疑問』は、ある程度まで同じ意味の言葉である。われわれは疑問をもつとき探究する」と（デューイ訳書、一九六八、四九二頁）。

この点を踏まえれば、「探究」的な学習が成立するためには、生徒たちが、自分なりの問いを持つことができているかどうか、もしくは、与えられた問いを自らのものとして受け止め引き受けられているかどうかという点が重要な意味を持つことがわかる。生徒にとって、自らの関心を引いたり、自らにとって取り組む意味を感じられたりする問いを手に入れてはじめて、「探究」が始まるのである。

とすれば、問い・課題の解決に向けた様々な取り組みの進め方と同等に、「問いを立てる」あるいは「課題を設定する」という段階に十分な時間と思慮を傾けてよいだろう。場合によっては、問いを立てるということ自体が、一つの「探究」活動とみなしうることもあり得よう。「探究的」な学習＝問題解決学習において、解決というファクターに比重が置かれがちだとすれば、課題の設定というファクターをより重視した取り組みの工夫に注意が向けられるべきだと言えよう。

また、次の点はデューイが論じている内容の範囲を逸脱するだろうが、教師には、自らの教職専門性の重要な一部として、生徒が自分なりの問いを持てるような支援や、あるいは、授業で扱う必要がある問いを生徒が自分のものとして引き受けられるような工夫が求められるようになると言えるかもしれない。たとえば、大学でさえ、卒論のテーマが見つからずに困る学生が時に見られる。高校でも、総合的な探究の時間をはじめとして、自分で課題を設定することが求められる単元や領域において、その課題設定につまずく生徒が出てくる可能性は十分に考えられよう。そうした生徒に対しては、生徒との対話を通してその理解に努め、どのような支援・示唆が有効かを見極めていく必要があろう。また、授業で扱う必要がある探究課題に生徒が意欲を示さない、あるいは示しそうにない場合には、生徒の興味関心とその探究課題とを架橋するための導入方法や補助資料の工夫が有効に働く場合があるのではないだろうか。

［2］「探究」の重要な契機としての「困難」な状況

いずれにせよ、このように、「探究」とは何よりもまず自らの「問い」を持つことであり、自らの「疑問」なしに「探究」

はないという点を押さえた上で、次に、「問い」が成立するさらにその前にある「探究」の出発点に関してデューイが提示する視点にも着目しておきたい。先に引用したデューイによる「探究」の定義によれば、「探究」は「不確定な状況」を出発点とする。あるいは、「不確定な状況」こそが「探究」を引き起こす先行条件なのである。

この「不確定な状況」を、デューイは、「かき乱された、困った、あいまいな、混乱した、矛盾する傾向にみちた、不明瞭な状況」だと表現している（デューイ訳書、一九六八、四九二頁）。また、彼は「探究」の起源が、当惑（perplexity）や混乱（confusion）にあるとも述べて、「探究」の契機として「不安」の重要性を強調している（デューイ訳書、一九五〇、七‐一〇頁）。

ここにデューイの探究論が持つ特質の一つを見出すことができるように思われる。というのも、一般に、こうした困惑がもたらされる状況は否定的に捉えられる、あるいは、生じない方がよい事態として受け止められることが多いが、デューイの探究論においては必ずしもそうではないからである。むしろ、デューイは、こうした困難な状況こそが、そこに直面している人間に、疑問や疑念を呼び起こすことで、「探究」を開始させる動因とみなすという意味では、肯定的な位置付けを与えられているとみなせるだろう。その意味では、暗礁に乗り上げる、壁にぶち当たるというふうに表現されるような局面も、有意義な問いが生まれる可能性を秘めた状況として積極的に捉えることができることになる。このことは、デューイにとって、「探究」は、私たちの日々の経験、あるいは「生きること」と不可分の営為であることを念頭に置けば、ごく自然な視点と言えるかもしれない。ここでは、こうした困難な状況が、「探究」の出発点として積極的意味を持ちうるという視点を銘記しておきたい。

［3］「困難」な状況からの「問い」の生成＝「探究」の開始

しかしながら、デューイも指摘しているように、こうした未解決・不確定の状況は必要条件ではあっても、そこから必然的に問いが立ち上がり、「探究」が始まるわけではない。そのような状況は、望まずして遭遇したという受動的契機かもしれないが、それを「問題状況」として、言い換えれば、解決すべき問題を含む状況、あるいは「探究」を必要とする状況として捉え直すという積極的で知的な対応があってはじめて「探究」が開始・展開していくことになる。その際には、たとえば、問題状況の特にどこをどのように注意して観察するのか、どのような事柄はさほど重視しなくていいのか、どのような見通しや仮説に基づいてどのようなトライを試みればいいのか、といった諸点を、可能な限り明確化していく作業が必要になるだろう。

実際、私たちは物理的な意味であれ、精神的な意味であれ、道に迷った時に、それでも前に進まなければならない時、このような思考を働かせつつ、試行錯誤を経ながら、進むべき道を発見したり切り開いたりしているのではないだろうか。ここで、問いの設定の仕方や、その解決方法の決定のあり方について、デューイに依拠しながら考察することはできないが、困惑を生じさせるような不確定な状況が「探究」の契機、先行条件であることに注目した上で、そこから「探究」が開始されるためには、つまり、そのための「問い」が生成するためには、一定の積極性や知的操作が必要であるということを確認しておきたい。おそらく、その知的操作に科学的知見の蓄積が生かされる場面は少なくないだろう。

【4】常識的探究と科学的探究

以上のように「探究」の姿を垣間見ただけでも、デューイの「探究」論においては、学問的な営為とは別に、私たちの日常生活に深く根ざした営為としての「探究」が確固とした地位を占めていることが理解できるように思われる。実際、彼は、「探究」には「常識的探究」と「科学的探究」があると指摘している。学校教育において「探究」という言葉を耳にすると、いわゆる「研究」との区別が曖昧になり、「探究」を学問的・科学的営為に引きつけて捉えがちになる可能性があるだけに、この視点は注目すべき重要性を帯びていると言える。

この両者の関係に関するデューイの見解を、早川（一九九四）の研究に依拠して、ここで必要な限りで確かめておくことにしたい。科学的探究が、確証された事実や法則・理論の達成を目指すという意味で知識そのものを追求することを目的とするのに対して、常識的探究は、世界の中にある様々な物事を活用し享受すること（use and enjoyment）によって望ましい結果をもたらすことをめざし、この営みの結果として常識を豊かにするという違いが両者の間にはあるとされる。他方で、科学的探究は常識的探究にその起源を持つものの、同時にそれを洗練した結果生み出されたもので、前者にあって後者にないのは、緻密な実験と観察であるが、基本的な論理において異なるわけではない。したがって、科学的探究と常識的探究との間は、常識的探究―科学的探究―常識的探究というふうに連続的に展開し、前者が後者に実践的に応用されるという関係があるという（九四 - 九七頁）。

このように早川による整理を瞥見する限り、デューイの探究概念においては、この世界の全ての人が「探究」を経験するという意味でも、常識的探究と科学的探究との間に基本の論理に大きな違いはないものとして両者を統一的に捉えているという意味でも、常識的探究の占める位置が非常に大きいと言えるのではないだろうか。このように「探究」は、学問の世界だけでなく全ての人々の生活の中にもあると言えよう。

ここで日本の学習指導要領における各教科・領域の枠組を引いて言えば、各教科における学習機会を、ある程度まで、科学的探究を経験する場として捉えることが可能であろう。しかし、総合的な学習の時間や総合的な探究の時間における学習機会を、常識的探究を経験する場と規定することが適切とは思われない。というのも、常識的探究としては、自分が街に出て、目的地に移動する上で、どのようなルートを選択すればいいかということについて考えたり、あるいは、遠くに奇妙な形をした乗り物が見えた時に、あれは何だろうという疑問を解決したりすることが、その典型例だとすれば、国際理解、情報、環境、福祉・健康などの現代社会における生活上の諸課題に関する探究を視野に収める総合的な学習の時間や総合的な探究の時間を「常識的」という形容詞だけで済ませることは難しいように思われるからである。そこでは、常に科学的・学問的専門性に依拠するとは限らないにしても、科学的・学問的成果を可能な限りで参照しながら、むしろ一市民として生活していく上で直面する課題を想定した探究活動を展開する機会が設けられていると捉える方が妥当であろう。とすれば、総合的な学習の時間や総合的な探究の時間は、むしろ「市民的探究（civic inquiry）」と名付けられるかもしれないものに対応していると理解すべきではないだろうか。もちろん、この点で言えば、小中学校の社会や高等学校の地歴・公民も、少なくとも部分的には、そうした探究の場としてみなすことが可能だろう。いずれにしても、ここで「市民的探究」と呼んだ反省的思考につらなるものとして、科学的探究と常識的探究という二分法とは別に参照すべきが、デューイの言う「社会的探究」であろう。次に、このカテゴリーの検討に移りたい。

［5］「社会的探究」という視座とその機能としての「状況の変容」

すでに見たように、今次改訂学習指導要領では、「生涯にわたって探究を深める未来の創り手として送り出していくこと」が重要だという現状認識に沿って「主体的・対話的で深い学び」を全ての教科・領域で推進していくという方針が明確化されたという点でも、また「習得・活用・探究」という学びの過程を念頭に置いて、主体的・能動的な活用・探究の学習の充実化が図られようとしているという点でも、「主体的・対話的で深い学び」と「探究的」な学習とが分かち難く密接な関係にあることが理解できる。このように「探究」活動と不可分な関係にある「主体的・対話的で深い学び」が、「よりよい学校を通じてよりよい社会をつくる」という理念を核とする「社会に開かれた教育課程」の実現を目指すという大方針のもとにあったことを思い起こす時、デューイの「社会的探究」論（デューイ訳書、二〇一三、四七三・四九六頁）に基づき彼の探究論を「社会的探究」という概念で統合的に把握する教育哲学的視座（早川、一九九四）、および、その「探究」の本質を「状況の変容」に見るデューイ解釈（杉浦、一九八四）は非常に示唆的である。そこで本節の最後に、「社会的探究」という視座の概要と、この視座に立脚した時の「状況の変容」の意義を簡潔に整理した上で、これらが、今次学習指導要領のもとでの教育実践構築にどのような示唆を与えるのかという点を一定程度明確化しておきたい。

デューイの考える「社会的探究」が有する特質の一つは、早川（前掲書、一九九四）によると、それが物理的、心理学的、美的、宗教的等々の諸探究と並列的なその一種に過ぎないのではなく、それらが全て連続的なものとみなされ、それらを包括し基礎付けるカテゴリーになっている点にあるという。そこでは、「社会的なもの」は、そうした多くのカテゴリーの一つではなく、それらを含む全体的カテゴリーとして捉えられている。よって、社会的探究は、私たちが生きる社会に含まれるあらゆる問題、すなわち、広い意味での「人間の諸問題」を取り扱う「包括的な探究方法」であると位置付けられるのである（四頁）。その意味で、社会的探究は、どのような社会的立場・役割を担う者であっても、この社会で生きていく上では、誰もが関与せざるを得ない探究のあり方であると解釈できるだろう。

もう一つの特質は、「社会的なもの」を「関係性」として捉えているという点である（早川、一九九四、四頁）。社会的な諸問題は、諸個人が関わりあう社会状況や社会的相互作用から生じる。この点は、こうした関係論的視点に貫かれている点が、デューイの社会的探究が有する視点として重視されるべきだということを意味しよう。

デューイによる社会的探究論が持つと考えられるこうした特質を敷衍して、この探究のあり方について若干の議論を補足することによって、ここでの考察を実践構築上の見通しに繋げられるようにしておきたい。

まず一方で、社会の中にある様々な要素や立場の間の対立や葛藤をも含む包括的な社会的な諸問題の複雑さに対応して、これらを解決するためには、特定の分野・領域の知識や方法論だけでは足りず、多面的・多角的な、あるいは、いわば学際的・総合的なアプローチが必要になるということを意味し、しかも、そうした包括的で複雑な問題に容易な正解はなく、一定程度の解決を見たとしても、なお解決すべき課題が残ったり、付随的に新たな問題が立ち上がったりすることで、持続的・発展的な探究が、その意味では終わりのない探究過程の展開が要請される蓋然性が高い（早川、一九九四、四頁）。

ここで社会的探究における「真の問題（genuine problem）」に関して、デューイ自身が指摘している視点を参照することは有意義であろう（Stone 一九九四）。曰く、「真の問題は、現存する問題状況（existential problematic situations）によってのみ設定されるものである。社会的探究は、それ自体として矛盾を含み混乱している現実的（actual）な社会状況によってのみ設定されるのである」（デューイ訳書、二〇一三、四八四頁　ただし筆者改訳）。ここで「真の」、「現存する」、「現実的」という言葉で指示されている意味内容を、近年のカリキュラム論で頻繁に用いられるようになった別の形容詞で表せば、それは「真正の・本物の（authentic）」ということになるだろう（Newmann 一九九五・ハート訳書、二〇一二）。

これらを踏まえれば、社会的探究、あるいは市民的探究として想定しうる学校教育における諸機会、とりわけ総合的な学習の時間や総合的な探究の時間においては、生徒たちがいまそこでまさに目の当たりにしている、あるいは直面している社会的諸問題を題材にして、その解決に向けて取り組むということが企画されてよいということになろう。特に地域社会との結びつきが強い学校の場合には、学校を取り巻くコミュニティが抱える諸課題にアプローチすることが、有意義な経験を生徒たちが享受することにつながる可能性があるだろう。

他方で、探究の対象という要因だけでなく、上に見たような特性を持つ課題やそうした課題の探究過程が必然的に帯びるあり方に対応して、探究主体の側に関して視野に収めるべき要因がある。それは、早川によると、社会的探究の過程においては「種々な局面で多様な協働関係が必要とされる」という点である（一九九四、五頁）。この多様な協働関係は、二重の意味で要請される要因と言えるように思われる。

それは一つには、探究課題が、包括的で複雑な社会問題に関係する場合、その観察・考察・推論などの過程で、その解決のために複合的なアプローチや多面的・多角的な比較検討が必要になるとすれば、そうした作業を協働的に進めることが望ましいであろうということである（早川前掲書、一九九四、五頁）。また一つには、探究の過程だけでなく、その結果としての解決策がもたらす影響の点からも、協働関係が要請される。なぜなら、社会的目標に向けた仮説、つまり特定の社会問題に関する解決案は、そのプランが実行された結果影響を被るあらゆる人々を巻き込むことになるからである。ということは、そのプランの実行前の評価という過程でも同様のことが言えるだろう。このように、社会的探究は、全ての段階・局面で、協働的、あるいは連合的（associated）な活動とならざるを得ないのである（Stone 一九九四・デューイ訳書、二〇一三、四八七 - 八頁）。

本節を終えるにあたって、ここで注目しておきたいのは、「探究」の本質が「状況の変容」にあると理解できるという点である。葛藤や混乱を含む当惑せざるを得ない不確定な状況を、それによって生じた問い＝課題を解決することを通して、明瞭で調和のとれた確定的状況に変革することが、デューイによる「探究」の定義であった。このような探究活動においては、対象が変容すると同時に、主体としての私たち側にも変容をもたらすことになるという意味では、この展開は私たちの「経験の再構築」でもある。つまり、探究の結果としての「状況の変容」は、その探究に関与した人々全体に影響を及ぼさざるを得ないのである。

　こうした「状況の変容」は常に首尾よく達成されるとは限らない。よって、「探究」という営為は危険に満ちてもいる。この点で「考えること」（＝探究）は「安楽椅子に座ってできることからはかけ離れている」のである（杉浦、一九八四、一八二頁）。しかも、すでに見たように、変革し得た状況が、なお抱える課題や新たな課題を突きつけるのが「社会的探究」の常態であるとも言えよう。また、そのような問題から受ける苦しみや、問題解決から得る喜びを共有することになるという意味では、協働的探究としての社会的探究は「共感的」でもあると言えるだろう（早川前掲書、一九九四、五頁）。

4　「主体的・対話的で深い学び」再考——「探究的」学習の実践的探究のために

　この最終章では、先に整理してきた「探究」に関する教育学的知見を踏まえ、それを活用しつつ、いよいよ学校現場での「主体的・対話的で深い学び」（AL）の実践づくりに向けた見通しを、一定程度明らかにするために複数の事例を参照しながら考察を進め、本稿のまとめとしたい。

［1］デューイの「探究」論から「主体的・対話的で深い学び」への架橋

　ALは、旧来型の知識伝達型の一斉画一的な授業に代わる新たな教育方法論として注目されるようになった。以前は、授業中に教師の発問に対して生徒が応答するために発言するということはあっても、基本的に、教師主導の一方通行的なチョーク・アンド・トーク形式の授業が主流だったが、近年は、生徒主体の言語活動の充実（二〇〇八・〇九年改訂学習指導要領参照）を図る方法論の重要性が強調されるようになり、生徒同士の話し合いや発表等を豊富に取り入れた指導法の実践が注目され、こうした指導法に関する授業研究が小中学校を中心に盛んに展開されてきた。そこで、ALの授業研究では、グループ編成の仕方、あるいは、話し合いや発表を補助するツールとしてのミニホワイトボードや附箋、タブレットの活用、あるいは、「思考ツール」と呼ばれる思考過程・結果を可視化し、思考の発散や収束を助けるチャートの利用、あるいは、ラウンドロビンやジグソー法といった授業手法などに光が当てられることが多かったと言えよう。

「主体的・対話的で深い学び」において、こうした方法論的側面が重要であるのは言を俟たないが、デューイ「探究」論の概観を終えたいま、この種の学びを充実化させるためには、その内容的側面にも十分意識を向ける必要があることを私たちは理解できるのではないだろうか。つまり、どのように学ぶか（たとえば、どのように何を使って話し合うのか）だけではなく、それと同等に、何を学ぶのか（たとえば、何について話し合うのか）という点、要するに探究の課題内容についての注意や工夫が肝要であるということである。

「探究」の出発点は「問うこと／問い」にあった。さしあたり教師から与えられたものであっても、その問いを生徒が自らの問いとして引き受けない限り、あるいは、生徒自身の疑問から出発しても、追求してみようと生徒が思える問いとして整理されない限り、話し合いの仕方や補助手段など方法論的側面を工夫したところで、生徒たちの意欲や集中力が持続しない可能性が高くなろう。したがって、各教科の授業で、教師の側から問い＝課題を与える必要がある場面では、その課題をどう設定し、生徒と共有できるようにするか、あるいは、総合的な探究の時間など、生徒が自分で課題＝問いを設定する必要がある場面では、生徒が追求に値すると思える自分なりの問い＝課題を設定するのをどう支援するかが重要になる。いずれにしても、このように、ALにおいては、学習の方法だけでなく、内容、つまり学習課題の比重も同等に大きいのである。

では、どのような探究課題がふさわしいと言えるのか。前節で検討したデューイの議論から、次のような観点を確認することができるだろう。

まず、困難な状況、あるいは当惑や混乱という契機に着眼することである。教師から課題を与える場合には、生徒が戸惑うほど意外で驚きを引き起こすような内容を含む課題が考えられるだろう。生徒が自ら課題を設定する場合には、生徒が直面している困難な状況や悩みもむしろ積極的に捉え返して、探究可能な問いに変換していくことが考えられてよいだろう。いずれにせよ、難易度や困難が大きすぎて、探究活動を開始・持続できない場合にはもちろん配慮の必要はあるが、「探究」活動においては、生徒の興味・関心を引く限り、課題のハードルを下げるよりも、むしろ上げる方がよいと言えるかもしれない。

この点を踏まえると、次に、「現実」の、あるいは「真」の問題という契機に着目することが有効になろう。なぜなら、自分自身や自らの属する社会が実際に直面している問題、自分が大人になったら直面してもおかしくないような問題、あるいは、自分の目標やあこがれの対象になる大人やプロが実際に取り組んでいることに近い問題といった「本物／真正」の問題は、容易に解答や解決策は見出し難く、ハードルは高くなるが、学校の中やテストでしか役に立たないように見える内容とは異なり、生徒にとって「学ぶ意味」を感じられる可能性が高いと考えられるからである。

この時の「本物性／真正性」の意味するところをさらに分節化するべく、デューイが探究を、科学的探究と常識的探究とに分類したことを念頭に置いて、さしあたり次の二つを区別しておきたい。つまり、学問的な真正性と、市民生活一般の真正性である。

学問的な真正性とは、文科省が「教科の本質」と表現しているような、その学問分野固有の視点や方法論に沿うことを意味する。これは、各教科における探究活動に対応するだろう。たとえば、いったん理科室に入ったら、生徒たちは、ある事象の原因を追求する実験であれば、その手順や方法を最初から教師に全て与えられて、その指示に沿って指示通りに進めるのではなく、自分たちで仮説を立て、その仮説を検証するには、どういう実験をすればいいのかを考え、器具の選定やデータの取り方を含めて実験計画を立案し、結果を検証してまとめるということになるだろう。もちろん、完全に本物の科学者に一致させることは難しいとしても、できるだけそれに近づける工夫をすることが考えられてよいだろう。

ここでの学問的な真正性、あるいはその意味での専門性は、教養科目系に限定される必要はない。実学系の、その意味では、職業的な真正性と言い換えることもできるような分野の真正性も視野に収めるべきであろう。その道のプロが、あるいは社会人が職場で実際にしている仕事の内容や方法と同じ、あるいは、できるだけそれに近い活動を念頭に置いた課題を設定するということである。これは、主として職業系専門教科の探究活動に対応するだろう。その背景には、農学、商学、工学、水産学、家政学、看護学、福祉学、栄養学等々の存在が考えられる。

他方、市民生活一般の真正性とは、一人の市民として生きていると誰が直面してもおかしくないような問題、実際にいま多くの人々や自分の住む街が直面しているような課題、あるいは、自分たちが生活の中で見出した課題に取り組むことを意味する。そうした課題を具体的に明確化できない場合には、たとえば、自分の住む街を探検し、そこで目にしたものや撮影したものから課題を発見することから始めることも考えられてよいかもしれない。これは、主に総合的な探究の時間における探究活動に対応するだろう。また、教科学習では、社会系の地歴・公民における課題研究も含めてよいだろう。

ここで再び確認しておきたい点が二つある。一つは、デューイが科学的探究と常識的探究の関係として、相互に連続的に展開し両者が豊富化していくものとして捉えていた点である。その点で、学校教育の場では、各教科での学習の成果を活かすことで総合的な探究の時間の活動内容が充実化したり、総合的な探究の時間に設定した課題に取り組む上で各教科の学習の必要性を改めて感じて、対応する教科における学習や復習に意欲的に取り組んだりすることで、相互に発展的な循環が生じることを期待してよいだろう。もう一つは、デューイが、「探究」という営みを科学的専門性に還元することなく、常識的探究にも大きな比重を置いているということである。先に、後者に対して「市民的探究」という異名を与えたように、私たちは専門家という立場には就かないかもしれないが、誰もが生きていく限り、一人の生活者として「探究」という営為を避けることはできない。その意味で、常識的探究こそが基底的な探究であると言ってもよいのではないだろうか。いずれにしても、デューイの観点を活かすならば、科学的探究に偏って、常識的探究が軽視されることがあるべきではないとは言えるだろう。

この点を確認したいま、ここで最後に議論しておくべきなのが、デューイによる「社会的探究」と「状況の変容」という重要な視点を、高校現場での学習にどう接合できるかという問題である。

まず、高校における「総合的な探究の時間」を、「社会的探究」の学習機会として重視すべきではないかという点があげられる。社会的探究が、広義の人間的諸問題を扱う包括的な探究方法であったという論点を思い起こすなら、また、デューイが科学的探究だけでなく常識的探究を重視していた点に鑑みれば、「教科等横断的」・総合的な学びの機会を「主体的・対話的で深い学び」の主軸に据えるべきだということになろう。

次に、そこでの「社会的探究」は、「本物」の社会的・人間的問題の解決としての社会「状況の変容」をめざすものであってよいという点である。この点は、今次改訂学習指導要領の「社会に開かれた教育課程」の理念とも通底することはすでに触れた。まさに今、この社会で、あるいは、学校を取り巻く地域社会で優先的に解決すべき問題を生徒自身が見出し、課題を設定し、その解決に向けて、学校内部だけでなく学校の外との協働・連合も図りつつ考え行動し、現にある状況を、ごく部分的にであれ変容させることで「よりよい社会」の実現に向かうような「探究」活動が目指されてよいということになろう。そして、そうした先行事例は数は多くなくとも確実に存在し、私たちはそこから学ぶことができるのである。

図表4

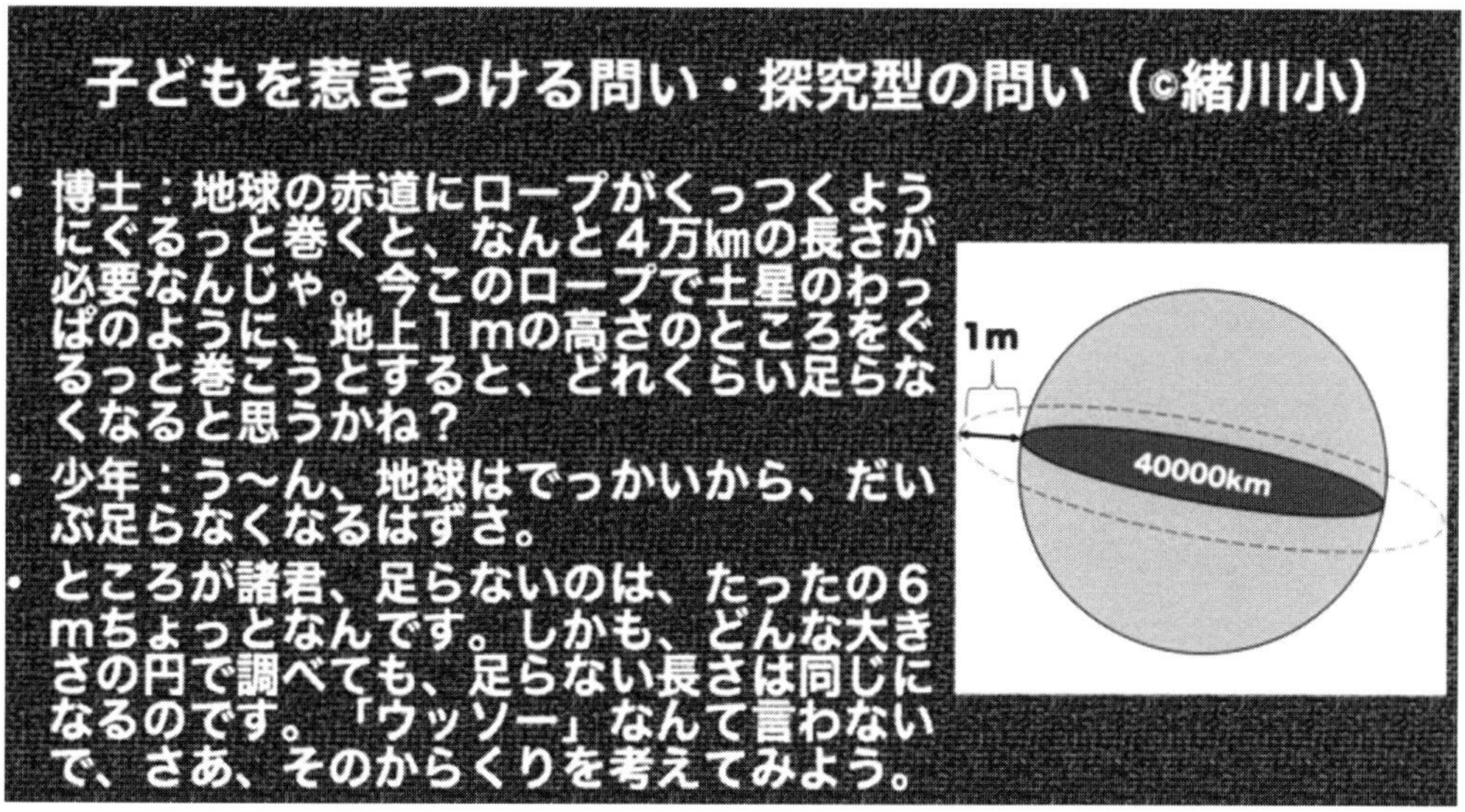
子どもを惹きつける問い・探究型の問い（©緒川小）
• 博士：地球の赤道にロープがくっつくようにぐるっと巻くと、なんと4万㎞の長さが必要なんじゃ。今このロープで土星のわっぱのように、地上1mの高さのところをぐるっと巻こうとすると、どれくらい足らなくなると思うかね？
• 少年：う～ん、地球はでっかいから、だいぶ足らなくなるはずさ。
• ところが諸君、足らないのは、たったの6mちょっとなんです。しかも、どんな大きさの円で調べても、足らない長さは同じになるのです。「ウッソー」なんて言わないで、さあ、そのからくりを考えてみよう。
1m
40000km

〔2〕探究課題の事例――科学的探究・常識的探究、および社会的探究を含む課題

デューイの「探究」論から「主体的・対話的で深い学び」への橋渡しを試みた前項の考察を足場に、ここでは、それらに対応する探究の課題例を紹介することにしたい。冒頭で述べたように、高校教育の事例だけではなく、義務教育段階、特に小学校や中学校の事例も観察しておくことにしたい。「探究」と呼びうる学習活動はそのような発達段階や基礎知識がない子どもには不可能だろうという臆見がいまだに根強く残っていることを考えると、そうした事例を共有することの意義は小さくないだろう。

そこで一つ目の事例は、小学校五年生の算数「円と多角形」の単元で最初の時間に、教師から提示された課題例である（図表4）。この課題は、一九八〇年代に愛知県知多郡緒川町立緒川小学校で開発されたものである。

実は、この問いには、大学生でも「えっ、うそ。本当に6mちょっとなの？」という反応を示す学生がいる。大学の講義で紹介すると、理系の学生は一瞬で解ってニヤニヤするのだが、他の相当数の学生はそうでもない。その点で、大学生にも「本当？」という驚きや戸惑いを、その意味で困惑を与えるのだが、

しかし、同時に興味関心を惹き起こす。教師が子どもたちに、この問いの謎は、ここからの勉強を進めていくとみんな分かるようになるのだと宣言すると、子どもたちは、やってみたいと食いつくことになる。中には、「先生は嘘つきだ」と言い出す子どももいたという。「先生は、嘘ついている。時々、先生わざと嘘言うじゃない。僕たちのことを騙して勉強させようとすることがあるから今回もそれだよね。僕が、先生が嘘ついていることを絶対に証明してやる」と言い放って、学習をし始める子どもも出てきたのだと。

ここで注目すべきは、この課題は、教師が生徒に与えた、差し出しただけで終わっていないということである。つまり、その問いを子どもたちが自らの問いとして引き受け、教師と子どもとの間で問いが共有されていたのである、課題や発問は、提示しただけでは意味はなく、その問いに、目の前の子どもたちが主体的に取り組もうとしてこそ意味があると言えるが、この課題はそうさせるだけの訴求力を持っていると言えるだろう。そして、デューイの言うように、自分の問いを持つと探究が始まるのである。

この問いを単元冒頭で共有した後、この小学生たちは、その探究過程でいわゆる等積変形などの作業を通じて円について学んでいく（図表5）。ここでは、円を細かい扇形に分割し並べ替えて同じ面積の四角形を作るという作業にあた

図表５

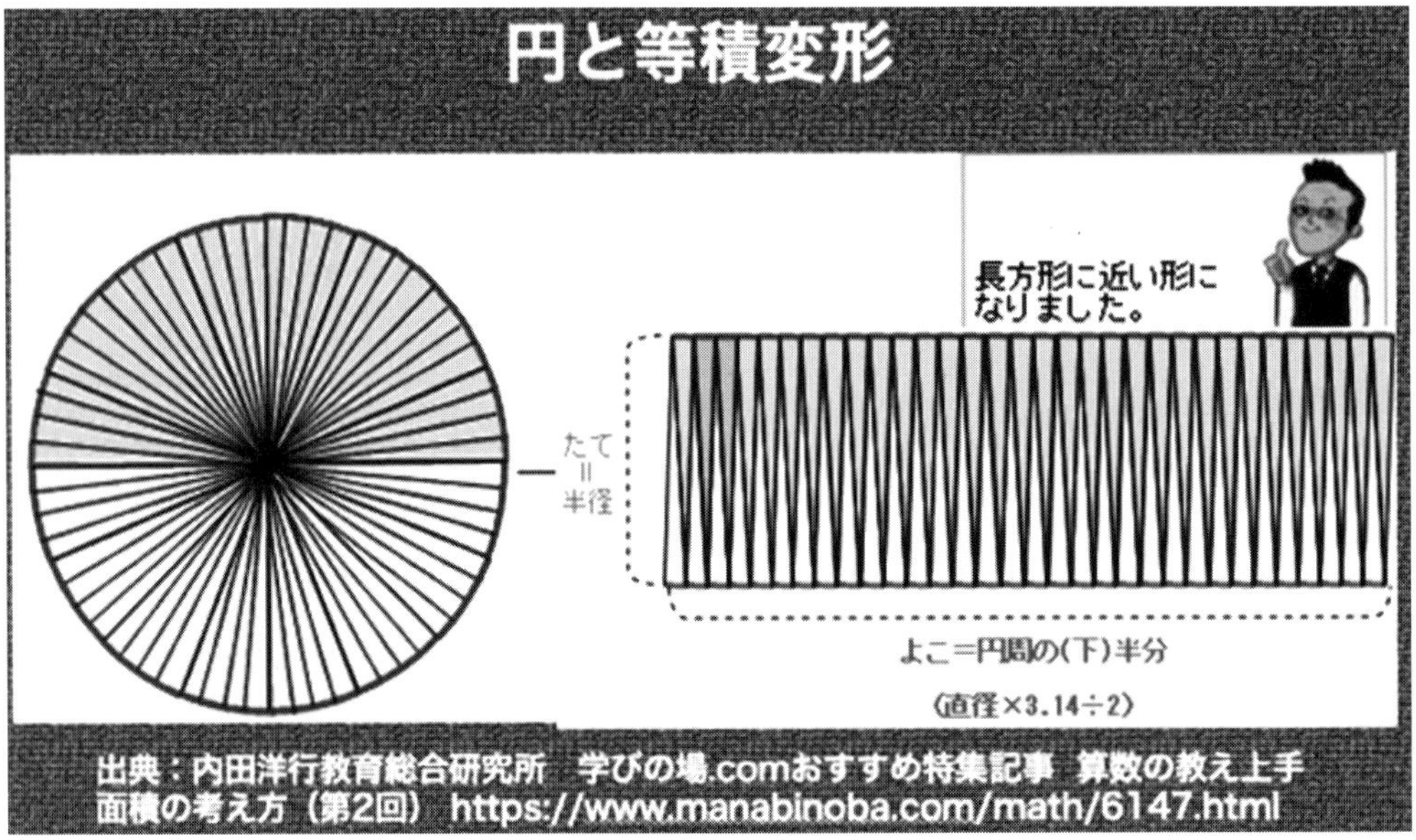
円と等積変形
長方形に近い形になりました。
たて＝半径
よこ＝円周の(下)半分
(直径×3.14÷2)
出典：内田洋行教育総合研究所　学びの場.comおすすめ特集記事　算数の教え上手
面積の考え方（第2回）https://www.manabinoba.com/math/6147.html

る。この作業を進める中で、子どもたちは、細かい扇形を長方形に近いかたちに並べて、その長方形の縦と横の長さの比に気付いていく。縦は半径、横は円周の半分。だから直径対円周と一緒になっているということに気付く。これがだいたい3とちょっと、要するに円周率というこの単元の本質に子どもが迫っていくわけである。その過程で個別の演習の時間を設けると、それぞれの子どもが「あっ」と気付く。この問いでは、半径が1m、つまり、直径が2m長くなるだけなので、例え円周が4万kmだろうと、8万kmだろうと、直径が2m長くなった分×3.14の6.28mしか長くならないということに、多くの子どもが次々に気付いていく。子どもたちは、この課題に意欲的に、主体的に取り組む中で、円周率という、この図形が持つ重要な性質に気づく。この単元の数学的本質に迫る深い学びを経験するのである。子どもたちは、その途上で疑問や気づきを互いに紹介しながら、そうか！なるほど！という理解に到達し、その理解を確認し合うという対話を重ねる。

このように子どもたちの探究を惹起する課題として、この問いは、驚きや当惑という契機を備えていることが分かる。一見、この課題のハードルは高い。しかし、数学的探究の本物性、すなわち、図形の性質を多角的に調べる中で、その図形が固有に持つ特に重要な性質を発見し、異なる半径の円で同じことを調べて確認するなどの作業を通じて、円周率に関し

図表6

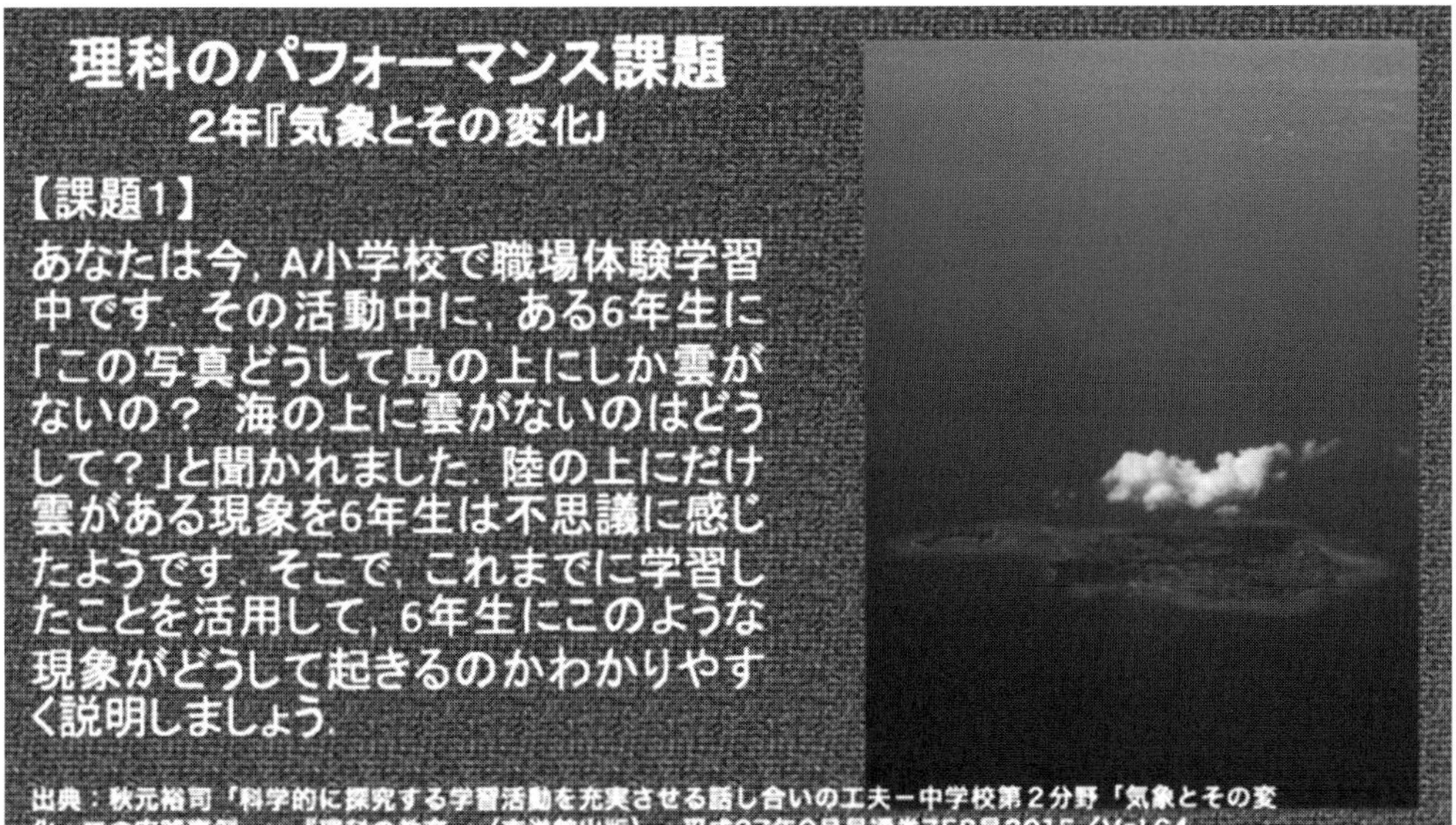
理科のパフォーマンス課題
2年『気象とその変化』
【課題1】
あなたは今，A小学校で職場体験学習中です．その活動中に，ある6年生に「この写真どうして島の上にしか雲がないの？ 海の上に雲がないのはどうして？」と聞かれました．陸の上にだけ雲がある現象を6年生は不思議に感じたようです．そこで，これまでに学習したことを活用して，6年生にこのような現象がどうして起きるのかわかりやすく説明しましょう．

出典：秋元裕司「科学的に探究する学習活動を充実させる話し合いの工夫ー中学校第２分野「気象とその変化」での実践事例ー」『理科の教育』（東洋館出版）　平成27年9月号通巻758号2015／Vol.64

て、論理的・統合的・発展的に理解できるようになる。その点で、小学生対象でも科学的探究の真正性を備えた課題になっている点が、この課題から学び取ることができる。この学年ではまだ円の面積の公式は学習しないが、「等積変形」を（という言葉は習わず）経験した子どもたちは、その円の面積の公式を習う前に、自分で導き出せるようになっているかもしれない。

次に中学校理科の課題例を見ておきたい（秋元、二〇一五）。二年生第二分野のパフォーマンス課題である（図表6）。パフォーマンス課題とは、一定のまとまったパフォーマンス＝実演や表現行為（口頭発表、演技、論文作成、作品づくりなど）を求める課題を指す。大人やプロの本物の世界では、穴埋め問題を解いたり、多肢選択から正解を見つけたりするのではなく、こうしたパフォーマンスによって評価を受けるのだとすれば、この課題には、そうした本物性が備わっている。もちろん、「あなたは今、A小学校で職場体験学習中です」というのは架空の設定だから、その意味では擬似的ではあるが、これが本当に近隣の小学校と連携して、小学校に出向いて小学生向けに、小グループに分かれてプレゼンをするということになれば、その本物性は増すことになるだろう。科学的に正しい論理的な説明ができるという意味では科学的探究としての本物性が、小学生を惹きつけて親しみやすく親切に対応する必要があるという意味では常識的探究としての本物性が、そこで求められることになるだろう。

課題の共有という点でも巧みである。この教師は、既習事項を復習させようとしている。しかし、試験があるから教科書とノートを読み直して復習しなさいと言っても、やる気は起こらないかもしれないところに、こういう課題設定になると生徒たちは意欲的に取り組む可能性が高まるように思われる。しかも、この写真が効果的と言えよう。カラーでないので、読者の方々には分かりにくいかもしれないが、群青の海と、真っ青な空、そこに小さな緑の小島の上に、ぽっかりと浮かんだ白い雲。多くの人を惹きつける画像ではないか。そもそも理科の学習という前に、ごくシンプルに、綺麗だなとみんなが思うだろう画像である。「綺麗でしょう?」「うん、きれいだね」と、理科嫌いな生徒ともその美しさを共有できる。そこですかさず、「でも、なんで陸の上だけ雲があるんだろうね?」と問うと、問いを投げかけられた生徒たちは、「そう言えば、そうだね。なんでだろう?」というふうに、生徒たちに重要な問い＝課題が共有されることになる。課題の内容が面白そうだという感覚が、生徒たちの間で共有されるということである。生徒たちにとって、考えたい問いになるのである。問いに惹きつけられるということは、もう探究活動のプロセスの中に生徒たちが入っているということになる。

あとは、その探究活動を持続させる仕掛けが必要になるだけだ。では、どういう仕掛けをこの教師が用意しているか。その仕掛けを見る前に、ある生徒たちの話し合いをご覧いただきたい。

・生徒Ａ：どうして島の上にだけ雲ができるんだろう．わからないなあ。うーん。
・生徒Ｂ：海には雲がないのにね。うーん。
・生徒Ａ：雲ってどうやったらできるんだっけ？
・生徒Ｂ：雲のでき方は前に勉強したよね。上昇気流とか気圧の谷とかが関係してたような…。
・生徒Ａ：そっか。ということは島のところだけ上昇気流が発生しているってことかな？

中学生は習ったばかりなので、こういう「上昇気流」とか「気圧の谷」という言葉が出てくる。ここでこの教師が、生徒たちに向かって「さすが、中学生！ よく考えていますね。でも、小学生に説明するのであれば、実験を行って説明するとさらにいいね」と投げかけたのである。そして、教師の助言で、演示実験を一つ以上行い、その実験をタブレットＰＣで撮影し、動画を記録しておくことになったのである。この決してハードルが低くない新たな課題に対して、子どもたちは悩みながらも、「よし、それは面白そうだ。やってみよう」となることが期待できるだろう。

さらに次の仕掛けとして、生徒たちが、自分たちの考えをまとめたホワイトボードと実験を記録したタブレットＰＣを使って他の班に説明する場面も設定された。それは，他の班に説明したり質疑を受けたりすることで、自分たちの考えを見直すきっかけとするためである。こういう仕掛けとしての課題が、段階別にあると、子どもたちの意欲が低減しない。しかも、これはいわばリハーサルの場面という意味での本物性を帯びている。小学生に説明した時に分かりにくかったら困るから、生徒同士でまず発表し合おうということである。小学生でも分かる説明になっているとお互いに保証し合えたら、小学校に行けるよねと。

次の対話を見ると、生徒たちは、もう正解に近づいていることが分かる。

・生徒Ｃ：山の斜面を沿って上昇気流が起きたと考えた班もあったよ。自分たちの考えと違うね。
・生徒Ｄ：そういう考え方もあるんだね。でも写真を見ると山の傾斜はそんなに大きくないから考えにくいんじゃないかな。
・生徒Ｅ：やっぱり陸と海の暖まり方の違いで雲が出来たんじゃないかな。

熱伝導率の違いで、陸は暖まりやすく、冷めやすい。水は暖まりにくく、冷めにくい。従って、急に温度が上がったり、下がったりする陸の方に上昇気流が発生しやすい。だから雲があの写真では陸の上にだけあるということになったのだという説明が、どの生徒もできるようになる。こんなふうに復習という作業も、課題設定の仕方によって、探究と呼びうる活動に、また深い学びになる可能性が高まると言えるのではないだろうか。

ここまでは、教科学習における科学的探究の事例を観察してきた。次も、社会科の学習における課題例だが、子どもたちの身近な地域社会で起きている問題を直接扱っているために、総合学習的な様相が色濃く、デューイの言う「社会的探究」の事例として学ぶところの多い事例であるように思われる。この事例は、米国の事例で、小学校四・五年生対象の課題である。

州の下院または上院議員の人に手紙を書いて，ミシシッピ川のワシがたいへん危ない目にあっていることについて，どうしたらよいとあなたたちが考えているのか，自分の意見を伝えましょう。手紙は，相手の議員がなるほどと思ってくれるものでなければいけません。そして次のことを守りなさい。この話題について自分が知っていることを伝えること。いろいろな考えをいくつかの段落にまとめること。文はいろいろな書き出しを使うこと。考えていることを伝えるために，対話の形を用いてかまいません。正しい手紙の書き方をすること。正しい句読点やつづりにすること。友達に手紙を読んでもらって，役にたつ批判をしてもらうこと。そして自分で書いた手紙に満足できたら，それを郵送しましょう(Newmann, Secada, and Wehlage. 1995,pp25-6)。

この課題は、最終的に教師が整理して子どもに提示しているのだが、子どもたちの住む街を流れる川の動植物が危ない目にあっているといった問題については、子どもたちが教室に持ち込んでくる場合がある。その子どもの気になっていることに他の子どもも共感し、一緒に調べることになり、その問題を教師が教材化していくというカリキュラムづくりの方法である。こうなると、その課題は、子ども自身が持つ疑問を出発点としていること、しかし、子どもに困り感を与えるハードルの高い課題であること、それでもやはり、まさに地域社会が抱える本物の課題であるだけに取り組む価値を子どもたちが感じられる課題になっていること、などの特徴を有していることが理解できる。

本物性という点では、実際に議員に手紙を書いて問題点を指摘するという本物の「市民運動」あるいは「社会運動」を子どもたちが展開する探究課題になっていることも注目に値する。

米国の場合、手紙を受け取った議員が、実際に学校まで来て、このクラスを訪問するということも珍しくない。一八歳選挙権がかなり以前から実施されているこの国で、一〇‐一一歳の子どもは七‐八年後には有権者だとすれば、自らの選挙基盤を掘り崩さないためにも、こうした取り組みを軽視できないと考えられても不思議ではないだろう。議員が、実際に学校に来て、子どもたちの手紙に書かれた内容をどう受け止めたかを説明し、その問題の解決に向けて自分も議員として努力すること、その問題解決に向けてさらに子どもたちに力を貸して欲しいと協力要請するということになると、子どもたちは、もはや自分たちが学校での勉強をしているということにとどまらず、むしろ、子どもながらに、この社会の一員としてこの社会の改善に貢献しているという感覚を味わう経験をすることになると言えるのではないだろうか。自分たちの調査研究と直訴の手紙によって、ここで焦点になっている環境問題が全て解決できるわけではないにしても、このような一石を投じて、その投じた石が小さくとも確実に波を生じさせるとすれば、それはまさに「状況の変容」を伴う「社会的探究」の実践と呼ぶにふさわしいとは言えないだろうか。日本の文脈で言えば、まさに「社会に開かれた教育課程」の一つであるという解釈も成立するだろう。

もう一点補足しておくと、このような課題例は「社会的探究」活動の事例として、学際的・総合的な色彩を帯びているという点である。子どもたちが地域の自然環境に関して具体的に調べるということは理科的な思考を働かせることになろう。手紙の書き方の指示を見ると、当然英語の読み書き（日本でいう国語）という教科の学習を活かす必要があるパフォーマンス課題になっていることがわかる。もちろん、地図帳を片手に地域の地理的事情を調べ、また、この環境汚染を引き起こしている社会的要因が何かを検討する上で、産業や交通事情等について調べるという意味では、当然社会科での学習になっている。さらに、場合によっては、この環境問題を広く保護者や地域住民に訴えるために、ポスターを作成しようということになれば、美術（図画工作）の学習もそこに加わることになる。このように、この学習が教科横断的な取り組みになることが理解できるだろう。

では、最後に、ある日本の高校における「社会的探究」の事例に目を向けてみよう。ここまで、小中学校の事例ばかりを取り上げてきたが、すでに示唆していたように、そこにはある意図があった。ここで紹介したのは、そうした年齢の子どもたちを対象とする課題例であり、そうした発達段階の子どもによる学習であるが、読者の方々は、それらに小学生なり中学生なりの幼さや、浅さを感じられただろうか。筆者は、全くそうは感じない。むしろ、間違いなく、大人が取り組んでも興味を持てそうなもので、デューイが「探究」と呼んだ営為にふさわしい例であると考えている。しかし、往々にして、「発達段階」の未熟さなるものや「基礎知識」の不足なるものを根拠に、こうした本物の探究活動を、そのような子どもたちにさせることはできないという感覚を拭えない教育関係者の割合はいまだに小さくないように思われる。これと類似の感覚は、公立の小中学校に比べて、偏差値による輪切り状況があからさまに生じている高校段階では、従来型のテスト学力に基づく臆見となって表れる場合が多いと言えるのではないか。すなわち、SSHやSGHではいまや盛んにこうした探究的な学習が実践に移され、授業研究が進みつつある一方で、そうではない高校では、未熟さや基礎学力の問題を理由に、そうした取り組みに消極的になってしまうという問題がある。むろん、いろいろな困難な事情を抱える生徒が多い学校で、他に対応すべき案件が多く、探究的な学習の取り組みは難しいと感じられる向きも理解できないわけではない。しかし、上述した小中学生対象の探究事例は、決して水準が低いわけでも、学びが浅いわけでもなく、大人が取り組んでもその意味を感じられる課題になっている。したがって、どのような高校でも、こうした探究的な学習の取り組みは可能だというのが筆者の立場である。そのことを示唆したいために、一般的な公立小中学校の事例を紹介したのである。

以下に紹介するのは、ある大都市圏に位置する総合制の公立高校の取り組み事例である。高校ではあるが、地域社会との関係が密接で、しかも、その地域社会には、経済的に困難な事情を抱える家庭も少なくない。一時期は、かなりひどい「荒れ」が校内各所に見られた時期もあった。それが今や、授業の間の休み時間に廊下を歩いていても、管理統制的な窮屈さはないけれども落ち着いており、むしろ、生徒同士、教師と生徒の間で自然な声が飛び交い、そこに流れている空気が適度に柔らかく、筆者も訪問者ながら居心地はよい。いや、時には少し厄介な問題もあるのかもしれないが。

いずれにせよ、校長のリーダーシップや経験豊かな教職員の見識と努力が徐々に実り、今ではインクルーシブな空間が確実に醸成されつつあると言ってよい。年度末近くに、その学校の体育館で開催された学習発表会を見学できた。フロアでは一・二年生全員と、地域住民や学校に関わる諸団体の代表、教育委員会関係者、そして私たちのような研究者も若干名が発表に耳を傾けた。会は約五〇分に渡って開催され、特別支援の生徒を含めて一-三年生の生徒代表が、この学校独自の授業やインターンシップ、ボランティア活動、進路学習などについて合計六組の発表があった。そのうち、以下で取り上げたいのは、一年生二人の生徒（女子）による学校設定科目「産業社会と人間」についての発表である。

この学校の「産業社会と人間」は、一-三年生にわたって開設されており、他者関係の構築・調整の仕方を学びつつ、体験活動を通して自己と地域社会と職業・職場に関する理解を深め、最終的に望ましい自己実現・進路選択に至ることを目指して編成されている。一年生は「自己理解」「自己肯定感を高める」を、二年生では「インターンシップの充実」、「進路選択に結び付ける自己啓発」を、三年生では「自己実現、社会への移行準備期間」を重点目標としている。この学校のこの科目は、地域社会に密接に根ざしたプログラムが組まれていることと、人権学習の視点を盛り込んでいるところに特徴があると言えよう。

さて、二人の発表に移ろう。発表は、二人の間の掛け合いで軽妙に開始された。「ねえ、この高校に入ってくる時、どんな気持ちだった？」「高校生活が楽しみでしかたなかったよ」「佳子は？」「私は中学校の振り返りの勉強をちゃんとしたいなって思って入ってきた」という風に、二人とも希望を持って入学してきていたのだった。発表は、パワーポイントで文字情報や画像を映しながら、やはりほぼ両者の掛け合いで話が進むのだが、この後、いきなり彼女たちが抱いた驚き、戸惑いについての話題に移る。

入学してみると、ポジティブな気持ちで入ってきた自分たちとは裏腹に、クラスメートの中には、他の同学年の知り合いに「そんな高校行くの？」などと言われて嫌な気持ちになったり、バイト先の知り合いに自分の高校名を隠したり、別の高校名を答えたりして、ネガティブな気持ちで入学してきている生徒が少なくないことを知ってショックを受けるのである。

そこで、彼女たちに疑念＝問いが生まれる。「どうして、この高校に通っていると、周りからそんな反応を受けるのだろうか？」と。そこでこの「産業社会と人間」という授業の中で、この疑問を解決しようと、この学校とこの地域のことを学んでいったのだと言う。ここから、この科目で具体的にどんな活動をしたのか、その内容が、画像を交えて簡潔にかつ分かりやすく振り返られた。「そもそも、産業社会と人間って何をやったんだっけ？」「ほら、四月は、最初にネームチェーンやったり、五月は遠足したり、六月は、クラス対抗でレクもやったり、七月は、アサーション・トレーニングもやって、自分自身のことを考えて、それと、自分も相手も大事に、とかやったじゃん」「秋には、自立支援コースのこととか、その先輩のお母さんにきてもらって話を聞いて、一緒に学ぶことの大切さを実感したよね」「そうか、そこから、この地域についての学習に入っていったんだね」。

その秋の開始時点で、次の視点を教師から提示されることになる。つまり、どんな情報に関しても、「事実」にあたる部分と「印象」にあたる部分を区別する必要があるのではないかと。そこでそのためのワークを授業で行なったという。客観的でデータなどで示すことができ、人によって変化しない「事実」と、主観的で自分の好みや経験を通して考えた評価にあたり、人や立場が変われば変化してしまう「印象」とを区別するワークを。

二人は、フロアを引き込むために、フロアに向けて次のような一節をスクリーンに映して、傍線部は事実か印象か？と問う。

友達Aさんが、これあげるね、といって袋を渡してきた。家に帰ってから開けてみると、一冊の本が入っていた。その本は汚い本で、ところどころペンで落書きもしている。「こんな汚い本を渡してくるなんて、きっと嫌がらせに違いない。」

そして、フロアの生徒を指名して答えさせながら発表を進める。ここで、「汚い」は否定的な評価だが、使用感はあるとしても汚いかどうかはもう少し観察してみないと分からないし、嫌がらせに違いないというのも、同様だという説明が付される。その上で、もしかすると、これは自分が長く大事にしていた本を相手にプレゼントとして渡した、という話かもしれないという可能性があるという分析も加えられたのである。フロアの生徒たちが、なるほどとうなずく。

事実と印象を分けるべきというこの視点は、彼女たちの最初の疑問、「どうして、この高校に通っていると、周りからそんな反応を受けるのだろうか？」という問いを探究課題として明確化する助けとなっていると言えるだろう。つまり、この地域に関する何らかの否定的な反応を示す情報が入ってきた場合には、まず事実と印象を区別して、その情報の正しさを判断していこうという指針が明確になるということである。

ちょうどこうした学びを進めていた折に、期せずして一つの大きな問題が降りかかってくる。あるメディアで、この学校や地域について非常に否定的な情報が流され拡散されたのである。そこで、彼女たちはその情報を吟味した上で、それが事実に基づかない印象に過ぎず、事実を調べると大きく歪んだ情報であると判断するしかないという結論に至る。が、そこで探究は終わらない。むしろ、ここから再スタートする。このメディアによる「ディスり」にイライラしながら、「では、事実でもないのに、なぜこの地域や学校はそんなに否定的に語られることになるのか？」という新たな問いを持つのである。

そして、その問いを持ちつつ、地域見学に出る。すると、地域には日雇い労働者が少なくなく、野宿している人も多い。その時に、働いているのになぜ野宿しなければならないのか、という付随的な問いも頭に浮かぶ。この問題について調べ考察を進めながら、その地域の労働や労働者の実態について理解を深めていく。その果てに、実際に野宿経験者やその支援者を学校に招いて、直接話を聞いて、事実を見極めていこうとしたのである。

そこで彼女たちが調べた事実、つまり、誰がなってもおかしくないと思わせる野宿者の生活史、女性の野宿者やネットカフェ難民という存在の見えにくさ等々、このあたりについての報告は、私が自分の大学で教える大学生に聞かせたいほどインフォーマティブで説得力があると感じた。

さて、その上での彼女たちは、「世の中には、その人のせいでもないのに、本当にたいへんな生活をしてきた人がいる」他方で、「偏見をスパッと切り替えることもおそらく難しいだろう」と述べた上で、とすれば、「まだまだいろいろと調べて理解していかなければならない」そう結論づけたのである。

最後の授業では、もしこの地域ってやばいところらしいね、などと否定的に言われたら、どうすればいいかをクラスで話し合ったという。「何がやばいの？他の高校と変わらないと思うよ」あるいは、「来たこともないのに、そんなこと言わないでほしい」という返し方があるのではないかという意見も出たらしい。いずれにせよ、偏見に満ちた言葉をぶつけられた時に、事実と印象を区別して判断し、歪んだ情報にはきちんと自分たちが切り返すことも重要だというまとめになったのだという。そして、自分たちはこの地域に優しい人が多くて好きだ、いつかはこの地域への偏見がなくなればいいという気持ちを確認したとのまとめがなされたのである。しかし、まとめはこれで終わらなかった。

最後の最後に、彼女たちは貧困問題について、またリストラで首を切られる労働者の実態について言及して、こういう問題は、政治家とか社長さんとか大人が決めていることが多いので、高校生ができることは小さい。けれども、その小さい積み重ねが大切だと思う、と二人は結んだのである。

偏見や差別の対象になっていることに傷ついて戸惑うという大きな困難が、切実な本物の問いを彼女たちに生んだ。この困難の中でも、お互いを大事にするとはどういうことかを教わり、考え、経験しながら、自分や自分の学校への肯定感をも育みつつ、この辛い問いに関する探究を彼女たちは進めていったのである。生徒たちは、その探究のために、地域社会に出て行って、また地域社会から様々な人々を招いて、つまり、学校を社会に開いて学びを進めていった。最終的に、その差別や偏見をなくすために何ができるのかと自問し、それに対して、現時点で可能な結論を彼女たちは明確化して表現したのである。これは、まさにデューイの言う「状況の変容」であり、それによる彼女たちの「経験の再構成」であり、「社会的探究」になっている。さらには、学習指導要領に言う「社会に開かれた教育課程」の一つの実現形態に、かつ「主体的・対話的で深い学び」になっていると言っていいだろう。

この発表を聞いて、もう一人の研究者と私は「俺たち、大学で教えてるけど、何してんだろ？（苦笑）」「完全に負けてない？（苦笑）」「ねえ」という会話を交わしたのを記憶している。もちろん、勝ち負けの問題ではない。しかし、「社会的探究」は、一部のエリート層のためだけでなく、あらゆる人々に開かれているのであり、困難な状況を抱える地域や学校の生徒たちにも、同等の可能性が開かれているのである。筆者が以前訳出した米国の実践事例集からも、それは明らかである（アップル&ビーン訳書、二〇一三）。

ただし、そうした取り組みを進めていく上で無視できない障害・障壁が存在することも事実である。しかし、すでに紙幅は尽きている。そうした障害・障壁に関しては、稿を改めて整理したい。

※本稿執筆のための研究の一部は、科研費19K02568の助成を受けたものである。

文献

● 秋元裕司（2015）、「科学的に探究する学習活動を充実させる話し合いの工夫 - 中学校第２分野「気象とその変化」での実践事例 - 」『理科の教育』通巻758号 2015　Vol.64（東洋館出版）

● アップル,M. &ビーン,J.（2013）『デモクラティック・スクール　力のある学校教育とは何か』澤田稔訳（上智大学出版）

● デューイ J.（1950）『思考の方法』植田清次訳（春秋社）

● デューイ J.（1968）「論理学―探究の理論」魚津郁夫訳 上山春平編『世界の名著48 パース・ジェイムズ・デューイ』（中央公論社）

● デューイ J.（2013）『行動の論理学―探求の理論』河村望訳（人間の科学新社）

● ハート,D.(2012)『パフォーマンス評価入門「真正の評価」論からの提案』田中耕治監訳(ミネルヴァ書房)

● 早川操（1994）『デューイの探究教育哲学―相互成長をめざす人間形成論再考―』（名古屋大学出版会）

● Newmann, F. M., Secada, W. G., & Wehlage, G. (1995). A guide to authentic instruction and assessment: Vision, standards and scoring. Wisconsin Center for Education Research.

● 杉浦美朗（1984）『デューイにおける探究としての学習』（風間書房）

● Stone, G. C.（1994）. John Dewey's concept of social science as social inquiry.*International Social Science Review*,69（3/4）, 45-52.

子どもと教師に対話の場を

——コロナ禍だからこそ

金子　奨

かねこ・すすむ

1963年生まれ、東京都出身。1985年に埼玉県の公立高校教員に採用される。現在、埼玉県立狭山緑陽高校に勤務。著書に『学びをつむぐ 〈協働〉が育む教室の絆』、共著に『「協働の学び」が変えた学校 新座高校 学校改革の10年』（大月書店）。

教室に「社会的な距離」を？

「身体的な間隔 physical distance」だけではなく「社会的な距離 social distance」を、という強い要請のもと、教室では旧い授業形態を余儀なくされてしまっている。

クラスの全員が顔の半分を覆うマスクを着用し、しかも対面でのコミュニケーションはできるだけ避けるとなると、どの生徒が、どんな表情をして、どのような活動をするのかが全く見えてこない。子どものひととなりや発想／表現の傾向性は、ペアやグループによる互恵的な学びのさなかに表出されることが多いからである。学びとは、つとに指摘されているように、子どもと対象世界／仲間／自分自身との関係の編みなおしであり、多次元にわたる重層的な対話的活動を意味する（※1）。

それが禁じ手とされると、子どもの発達へのサポートとケア—これが教職の主要な専門領域に他ならないのだが—をおこなうことは、とても難しくなる。

どうすればいいのだろうか？

臨時休校中にいろいろ考えたすえ、担当する「日本史Ｂ」の授業では、「感染症の歴史」を主題とするポスター・セッションをおこなうことにした。この四月に異動したばかりで、生徒の様子も全く分からないままだけれども、対話のない一斉形態よりはマシだろう。

資料集の「感染症の歴史年表」を頼りに、天然痘・赤痢・狂犬病・梅毒・コレラ・ペスト・インフルエンザ・ＨＩＶの探究を生徒に割りふり、活動を開始する。分散登校で生徒数は半減していたので、けっして広いとはいえない学校図書館を活用することも可能だ。感染症関連の書籍のピックアップを学校司書に依頼し、二時間の授業を探究に充てる──図書館にいる間は、ネット情報の検索は控えてもらった。ぼくの役割は、動きの少ない生徒のかたわらにしゃがみこみ、「どう？」「困ってない？」と声かけし、横並びの対話を心がけることである。

※1　佐藤学『学びの快楽──ダイアローグへ』（世織書房、一九九九年）。

「これって研究ですよね」

「調べるのおもしろい、一生これでもいい、これって研究ですよね」と、少し顔を赤らめながら話しかけてきたのは、戸井くんだ。彼は江戸中期に流行した狂犬病を探索中である。

「一生」「研究」ということばが印象的だったので、最初の授業で書いてもらった短い自己紹介文をたぐってみる。そこには「発表や人間関係が苦手。細かい作業も苦手」とあった。ということは、彼がポスター・セッションに強い抵抗を感じていたとしてもおかしくはない。でも、「おもしろい」といってくれるのはうれしい。

しかし残念ながら、彼はポスターを完成させるには至らず──作品化する手の動きはたしかに鈍かった──四人グループでの発表も欠席した。

狂犬病のことを勉強して調べるということのおもしろさを理解しました。いろいろな本をてらしあわせ、知識を増やすごとに楽しくなっていきました。初めて日本の歴史を面白いと思ったかもしれません。

しかし、まとめるのって大変だなあとも思いました。それでも楽しかったと思えるのですが、体調不良のせいで最後までかけませんでした。くやしかったです。精神的につらかったのが体調不良の理由です。

発表はこわいけど、次はがんばれるように体調を整えたいです。

セッション後の振り返りにはそうあった。

表現を他者と分かちあうことを駆動力にして探究し、対象／仲間／自己との三位一体の対話を促すことがねらいだったから、「楽しかったけど、くやしい思いをした」戸井くんの場合、それはある程度達成できたのかもしれない。ただ、まだ仲間との交流はハードルが高かったのだろう。

「ちょっと負担が重すぎたかな、フォローしなければ」と思っていた矢先、彼が通信制高校に転校するという話を小耳にはさんだ。理由は「この学校は合わない」ということらしい。それ以降、彼の姿は教室にない。三年生の一学期である。苦い思いが残る。

「成長したんだよ」

教室後方で硬い表情をしているのは、杉村さんである。やや攻撃的（と感じてしまうよう）な視線を時折投げかけてくる。臨時休校が解かれた最初の授業のことである。内容は「勉強」と「学び」の違いについてだった（※2）。

自己紹介文には「とてもとてもなまいきでわがままです。人前に立つと頭の中がまっしろになって言葉を発しなくなります。すぐあきてなげやりになります。物分かりが悪いので、イライラしないでがんばって向き合ってほしいです」とある。どんな子なのだろう？

「では、図書館に行きます。教室には戻らないので荷物は持ってきてください」。

杉村さんは友達と二人でぼくの真後ろを着いてくる。でも、図書館に入って振り返るといない。「あれ、逃げられちゃったかな？」と心配していたら、「やだ先生、急にいなくなっちゃうんだもん。ドアを開けたら職員室だった」と、けらけら笑っている。

大丈夫かな？　と少し心配したけれども、それは

※2　拙著『学びをつむぐ〈協働〉が育む教室の絆』（大月書店、二〇〇八年）の「四月」を参照。

杞憂に終わった。友人との私的な関係に引きずられることなく、百科事典や書籍を真剣な面差しで読み、必要な情報を書き写している。「進学校」と教員たちが自称していた前任校では、「こんなになげぇ文章読めねぇ」と呟く生徒が探究のとば口にはいたものだけれども、ここではそういう声が聞こえてこない。「受験に役立つかどうか」という値踏みがさほど働かないぶん、対象となる世界にすんなりと入りこめるのかもしれない。

　さて、くだんの杉村さん。ポスター・セッションでは、グループのメンバーに質問をするなど――読めない漢字を訊く場面もあったのだが――工夫して、柔らかい表情で発表する姿が見られた。どうやら「頭の中がまっしろ」になることはなかったようだ。

　彼女の振り返りには、「最初は本当にグループ内での発表が嫌だったけど、やってみたら楽しかった。以前の杉村だったら、きっと発表というかポスターすら作らなかったと思う。今まで名前すら知らなかった感染症がよく知れた。しらべるのっていがいとむずかしいのね」とある。

　後日、「どうして以前できなかったことができるようになったの？」と訊ねたら、「成長したんだよ」と返ってきた。愚問だった。宛先のある活動は「いがいとむずかしい」この世界を意味づけて認識をひろげ、同時に自己との対話をつうじて関係の編みなおしをもたらしていくのである。

他者という〈闇〉

　授業受ける前まで、すごく眠かったんですけど、先生の話を聞いて目が覚めました。先生は最初に勉強好きか訊いていましたけど、自分は数学の勉強は好きですよ。暗記系の科目も、理科系も好きです。

　そう書いていたのは森脇くんだ。まっすぐに伸びてくる視線が印象的な生徒である。探究活動の様子を見ていても、まわりの子たちを対話に巻きこんでいく雰囲気をもちあわせている。声高に話すわけでもないのに、いつの間にか要の位置にいる。そんな彼のグループ・セッションは、発表する／話しあうというより、聴きあう／語りあうというトーンが濃いように思えた。

〈話し〉が、調べたことを素朴に直接的に表出するのにたいして、〈語り〉はより深い思考を経ながら、複雑で屈折した思いを孕むものだ。〈話し〉は弾むが、〈語り〉はひとを寡黙にする（※3）。

なぜこのグループが〈語り〉のモードになったのかは詳らかでない。ただ森脇くんの探究が、感染症に直面したひとびととその社会の抱えこまざるをえなかった〈闇〉にまで届いていたことが背景にあるのだろう。彼は明治期の「コレラ一揆」について「ある意味で人びとには病気そのもの以上に、当局の措置がいとわしいものと受けとめられたことになる」と書きとめている。

さらに「考察」には次のようにあった。

> 感染症は、ずっと昔から何度も流行してきていて、動物から広がったりしている。感染症の恐ろしいところは、その感染力や症状はもちろん、人に恐怖を植え付けることだと思う。政府の対応が、人々の心に余裕を失くさせたり、いつもならできることが流行しているときはできなくなってしまう。それほどまでに恐ろしい感染力や症状があるわけだが、そんな時にこそ協力できる人はどれだけいるのだろうか。

※3　坂部恵『かたり――物語の文法』（筑摩書房、二〇〇八年）、および、前掲拙著の「補論」を参照。

感染症は、現在のコロナ禍もそうであるように、ひとびとを二律背反の状態に追い込み、社会に亀裂を走らせて潜在的な格差や分断 social distance を露わにしてしまう。人類が招き寄せた「病み」が社会的活動の「止み」をもたらし、それが日頃は見えにくくなっている〈闇〉を露見させる。森脇くんたちは、語り／対話のなかでその〈闇〉の次元にまで深くもぐりこみ、自己のなかにもひそんでいる〈闇〉に触れることになったのかもしれない。その〈闇〉とはもちろん、〈他者〉のことである。

協働的な学びへ

さて、ポスター・セッションの振り返りに多かったのはやはり、探究成果を「誰かに伝えること」を意識したというものだった。

> 発表をすることはあまり得意じゃないけど、他の人の発表を聞くことで、こうすれば相手に理解してもらいやすいんだな。聞きやすいなと

学べることがあったので、自分の発表も人が聞きやすい発表をしたいです。

発表の時には、自分なりのやり方で他の子たちにどうすれば興味を持ってもらえるか、自分の発表がどう面白く伝わるかを考え、皆に発表できたかなと思います。

それは「普段、班で活動する機会がなかったので、班員と様々な意見交換をして、良い学習にすることができた」という協働活動への期待にもつながっているようだった。こうした声に押されて、一学期の残り少ない授業は（大教室での）グループワークでおこなうことにした。

ところで、ぼくが協働的な学びあいに出あったのは二〇〇三年。その後、紆余曲折を経ながらたどりついたのは、生徒が自分で問いを立て、探究し、表現するという、とてもシンプルな方法だった（※4）。

グループで教科書数ページ分を音読し、それぞれが問いを立てる。それを共有しつつ一つの問いに収斂させていく。このプロセスも興味深い。あまりに難しくなく、かといって即答できるものでもないいい塩梅の問いを、彼らは探っていく。教科書の記述を読みなおしたり、資料集をめくったり、ネット情報にアクセスしたり、見通しが立ちそうなところでグループの問いが立ちあがる。つまり、仮説を立てながら問いをつくっているということだ。

問いをクラスで確認して共有した後は、探究と表現の活動である。前任校ではこの時間をほとんど図書館で過ごした。

百科事典の小さな文字と長い記述に悲鳴をあげ、難解な専門書には目もくれずに「〇〇袋」的なネット情報に頼る。そしてコピペしただけの文章をホワイトボードシートに書く。それが当初の様子である。そこからの脱却策は、文章にまとめる際に「たとえば」「と比べて」「しかし」「つまり」という語句の使用を条件とするというものだ。それだけでもただのコピーが自分たちのことばに変換され、少しずつ構造化された文章が生みだされるようになる。二学期のなかばには「ネット情報は薄い。本のほうが深い」という声が聞かれはじめ、専門的な書籍にも手が伸び、入手したい知識への到達も早まっている。

プレゼンテーションは、グループの表現したいこ

※4　金子奨・高井良健一・木村優編著『「協働の学び」が変えた学校　新座高校　学校改革の10年』（大月書店、二〇一八年）を参照。

とをキーワードとして示し、それをめぐって説明がおこなわれる。「ひと前で話すのは嫌だ」といっていた生徒も徐々に慣れ、いつしか工夫したプレゼンをできるようになるものだ。

主題化し、書籍などで探究し、文章化してクラスメートを宛先として表現を試みる。子どもたちはこうした経験を溜めながら、さまざまな場面で具体的に転用できる力が備わっていることに手応えを感じてくる。

大変なのは教師の方である。予測もしない問いが出され、自分の守備範囲を超える内容に直面することも度々だからだ。こうした場合、教師の指導はしかるべしという系統性にもとづくよりも、その場の文脈に即興的に応答し、子どもたちの学びを拡張し更新する足場かけに多くが割かれるようになる。ときには「いまの自分には説明できない」と白状する羽目に陥り、事後的な教材研究を強いられることもある。

こうした偶然性に満ちた活動は知的で愉快なものだ。複雑で不安定、不確定で曖昧な状態は、はじめひとを不安がらせるかもしれない。しかし、それがいつしか快楽に変わってくる。ちなみに、ぼくの高校時代の恩師は「恐怖の解なし」と呼ばれていた。国語の授業で散々議論させた挙句、「これ、解なしだね」と打ち切るからだった。見知らぬことへの怖れは、しかし、見慣れぬものへの畏みへと反転してぼくらを魅了したものだ。

対話という越境

閑話休題。

江戸時代末期を対象としたグループ活動を二度行っただけで、期末考査の時期になった。こんな状態では、生徒が身につけた／つけそこなった力を評価することは難しい。そこで事前に課題を示して試験に臨んでもらうことにした—教科書、資料集、ノート、下書きなどは持ち込み可である。

課題は「ペリー来航時に江戸に住んでいたとしたら、開国に賛成するか、反対するか」という考えを求めるものである—もちろん、活用すべき歴史的概念、根拠とする史資料の明示などいくつかの条件をつけてある。

どんな作品が現れるのか、そしてどのようなフィードバック／フォワードができるのか、と心待ちにしていたら、教務部から示された「答案返却」の時間はたったの三〇分。しかも二講座八〇人近い生徒を一挙に大教室（一五〇人収容）に集めて実施せよ、というものだった。

これまでぼくはこの時間を、教卓にひとりずつ呼んで、生徒と一緒に授業への取り組みを振り返り、試験時間に書かれた作品を検討することに充ててきた。生徒の課題遂行能力／パフォーマンスをさまざまな視点から評価／アセスメントし、このさき挑戦してほしい課題を提示・共有し、生徒の取り組みを励ますためである。そうした形成的な評価／対話を、八〇人を対象に三〇分間でできるわけもない。

ただ逆に、この「三〇分／八〇人／大教室」という条件には、高校教員の指導と評価に関する常識が透けてみえてくる。この条件で可能な評価は、多様性のほとんど生じる余地のない解答に〇×をつけ、生徒のパフォーマンスを一元的な物差しの上に並べ、平均点や偏差値などの尺度を用いて優劣を示すにとどまるだろう。そして三〇点しか取れなかった子には「もっと勉強時間を確保しろ」、満点の生徒には「がんばったな」と言うしかなくなる。しかし、九九点と一〇〇点にはどんな質的な違いがあるというのだろう？　子どもたちはその数値から何を学べばいいのだろう？

さらに、こうした評価方法でもよしとされる指導／授業方略は、おそらく一九世紀から続く伝統的な講義以外には想像できない。教師の理解とそれを映しだした板書／表現を、生徒がひたすら写すという授業である。そうした教室では、社会的な距離 social distance をとることは可能だ。ひとりでもできるし、孤立したままおこなうこと isolation が求められてもいる。そして、そこで必要とされないものは、理解と表現における生徒間の差異と隔たり difference であり、その反照として生じる子どもの固有性や単独性である。

距離は対話を排除するが、差異と隔たりは対話のさなかに生成する。ひとびとを分断する距離 isolation と異なり、差異と隔たりは他者への渇望 desire を生みだし、子どもたちを紡う。子どもたちは対話を通して理解をひろげ、仲／中／間を深める（※5）。〈あいだ〉という隔たりが対話 dia-logue ／境界線の横切りという脱自的な越境を促し、子どもたちの認識を発達させていくのである。

※5　前掲『学びをつむぐ』の「三月」を参照。

教師の対話的な学びの保障へ

七月なかば、中央教育審議会の特別部会が高校再編案を示した。それによれば普通科の再編をおこなうことによって「『高等学校』という画一的なイメージから脱し」、中学校段階に比べて低下している「学校生活への満足度や学習意欲」の改善を図り、「個別最適化された学びと、社会とつながる協働的・探究的な学びを実現する」というのだ（※6）。

そのためだけならば、多大な労力を必要とし、さまざまなひずみをもたらすだろう制度改革よりも、教師教育や年次研修のあり方を見なおし、すべての教師に大学院での定期的な学びほぐしunlearningを保障するほうが、ずっと効果的で即効性があるように思う。子どもたちの協働的・探究的な学びの実現のために、まずは教師に対話のある学びを保障すること、それがより合理的であるようにぼくには思えてならない（※7）。

またこのコロナ禍でも、それぞれの学校でできることはあるはずだ。

ぼくの属する学年では、四月当初にグループ・カンファレンスをおこない、「なぜ教職をめざしたのか」「今年度はどんなことに挑戦したいのか」を語りあった。五月にはビデオ映像を用いた授業研究会を開いて分散登校に備え、六月には本格化する授業を前に「授業アイデア交換会」を実施した。

若い教師たちは対話のある学びを痛切に欲しているように感じる。定年を間近に控えているわれわれベテラン教師は、目先の利害や古い慣習に囚われることなく、若い世代に経験知や暗黙知を伝え、語りあう場を設けていく責任がある。あと数年、踏ん張ってみたい。

（二〇二〇年七月二〇日）

※6　中央教育審議会特別部会「新時代に対応した高等学校教育の在り方」（二〇二〇年七月一七日）。この種の言説は一九七〇年代からほとんどまったく変わっていないことに注意が必要である。ねらいは「選択と集中」という古びた経済戦略による若者世代の分断にあるとしか、ぼくには思えない。

※7　この点については前掲『「協働の学び」が変えた学校』を参照。

「学習のプロセス」と「公共的空間」

～教科「公共」を構想する前提について考える～

中田　正敏

なかた・まさとし

世界史担当の高等学校教員、支援教育及び教育相談に関係した行政職、特別支援学校及び高等学校の校長を経て、現在は横浜創英大学看護学部非常勤講師、神奈川県高等学校教育会館教育研究所代表、かながわ生徒・若者支援センター共同代表。翻訳『教師のチームワークを成功させる６つの技法』（誠信書房）、共著『学校に居場所カフェをつくろう』（明石書店）など。

はじめに

新学習指導要領はかなり饒舌である。目標準拠型の枠組みの中で、方法論まで踏み込み、また、いろいろな理論を取り込んでいるためか、聴き慣れないコンセプトが大量に盛り込まれている。教科「公共」もその中で注目され、様々な立場から様々な懸念も表明されている。本稿では、教科「公共」について構想する際の前提として、学校づくりの日常的な実践と理論的な枠組みとを関連させる中で、具体的な構想の切り口として着目すべきコンセプトとして「学習のプロセス」および「公共的空間」について考察する。

一　実践の中における「学習のプロセス」

以前、教科のペーパーテストによる入試選抜を行わない「入口」をつくり、在学中には中途退学をできるだけ防ぐ支援を展開し、出口でも進路の保障を何とか支援する学校づくりに参画する機会があった。いろいろな実践を重ねていくうちに、これはインクルーシブな学校づくりという文脈で考えた方がよいこと、学習指導だけではなく、生徒指導、進路指導の領域でもある理論的な枠組みを参照枠とすることが有効であることに気づいた。
　ここでは生徒指導と進路指導に関する事例を三つ提示する。尚、事例についてはいくつか事例を複合させている。

事例一　遅刻指導

　朝の遅刻指導をしている時、教職員が「おい、ダメじゃないか。また遅刻か」と注意をすると、「うるせーな、どけよ」という言葉が返ってきた。教職員はこの生徒を「困った生徒だ」というようにネガティブ・モードに入る。同時に、生徒も同様なモードである。しかし、別の場面で、この生徒と偶然出会い、「あしたは遅刻するなよ」と言うと、こんどは「え〜、覚えていてくれたの?」という言葉が返ってくることがあった。予期していたのとは異なる対応に、教職員は、もしかするとこの生徒は人から相手にされていないのでないか、と考える。その時に、生徒が何とかしたいと思っているが、それができなくて困っているのではないかということで、何かをしようという動機を見出すことがある。家が経済的なことを含めて大変な状況であり、生徒本人もけっこう頑張っていて、妹を大事にしていることなどがわかると、ポジティブな見方も生まれてくる。しかし、「困った生徒」であると共に「困っている生徒」が目の前に登場しており、この二つの見方の板挟みになり動けないこともある。かなり葛藤があり、その不安定なポジションは不安定で持続できない。
　ここに岐路がある。やはり、学校の規則には違反しているわけだし、困った生徒であるとして、もとのネガティブ・モードにもどる場合がある。しかし、もうひとつは、その生徒と共に卒業後の将来を考えるというスタンスに立つと、ポジティブ・モードを持続させ、その先に進み新たな具体的な解決策を追求する段階に進むことができることがある。

事例二　外出先での問題行動

　休みの日に、友だちに誘われて電車に乗って外出して、出先で万引きをした生徒がいた。その事件が発覚して厳重注意をすることになった。腹が減って、持ち合わせの金が少なく帰りの電車賃を残しおかなくてはならないので、ついやってしまったという話である。友達からの誘いは断りきれない事情もあったようだ。事情を聴いた教職員は自分だったら断るかどうかを考える。ここにも葛藤がある。頭ごなしにダメなものはダメというだけではどうもまずい。解決にならないからだ。生徒が実際にとった解決策もダメであるが、教職員の今までの指導方法ではダメである。生徒も今回のようなことにならないような新しい解決方法を編み出さなければならない。

事例三　進路に無関心な行動

卒業後の進路について、ほとんど何も考えていないようであるし、かなり「利那的」にみえる問題行動を繰り返す生徒がいた。話を聞くと、アルバイトをやろうと思っているが、面接でいつも落とされる。何かきっかけがあれば、自分も何かできるような気がしている。だから、よけいにいらいらすると言う。かなりの葛藤である。教職員としては、今のままではダメだよね、とか言っても、それでは解決にならない。何とかしてやりたいがどうにもならない。そこで、いろいろ失敗はあることは織り込み済みで、学校内の支援スタッフと共に有給職業プログラムを開発することにした。実習から始めて、いろいろ失敗はあるが、その都度、なんとか支援を工夫するというプロセスをつくった。例えば、質問がうまくできないことが失敗の原因になっていることがわかると、そこを集中的に支援する。質問ができないから勝手にやるしかないというこれまでの生徒の手法では行詰まる。そこに葛藤があるが、そこを起点として困難なプロセスを丁寧に歩んでいくとどうにかなるということがある。生徒はそれまでのプロセスを振り返る機会があり、自分の最初のころのやり方と最近のやり方を比較して、ここまでよく到達できたものだと思うという感想を述べるところまできた。自分のこれまでのやり方を批判的に評価することもできて、さらに自分の学ぶ方法についても理解できるようになってきた。教職員もその他の支援スタッフとの協働の方法を学ぶことができて、解決モデルのメニューを増やすことができてきた。参加者は学習のプロセスを辿ったという言い方もできる。

以上の三つの事例ではいずれにおいても、教職員と生徒とは双方向のやりとりの中で、教職員も生徒も「これまでの解決方法」ではうまくいかないという葛藤がある。新しい解決方法を志向することが起点となり、試行錯誤のプロセスに入る。これを「対話のフロントライン」（※1）とする。そして、相手を生徒というよりも、困っている人、唯一無二のユニークな人間として捉えることにより、これまでの標準的なやり方ではなく、個別にそれぞれ違う切り口から新しい解決モデルの創出への一定のプロセスを辿ることになる。「まったく反省の色がみえない」生徒とは、新たな課題について現在の行動以外にとるべきモデルが浮かばない生徒である。しかし対話の中で新しい解決方法を編み出すプロセスに入る。しかし、その前には、必ず、一種の板ばさみ的な状況に置かれることになる。

そのプロセスを経過する中で自分のとった方法を振り返ることもできて、生徒も教職員もだんだんと切り抜け方のメニューが増えてきたことを実感できるようにもなる。

「対話のフロントライン」を起点として様々な組織的取り組みが考えられるが、ここでは、この三つの事例には共通するものについて考えてみたい。コンセプトとは、把握するものという意味があるが、構想の切り口を探り当てるコンセプトを第二節、第三節、第四節で示すことにする。

二「学習のプロセス」についての考察

学習のプロセス

ここでは、前節で述べた具体的な取り組みを把握するコンセプトとして新学習指導要領の検討段階で取り上げられている「学習のプロセス」について考えてみたい。図1は、フィンランドの活動理論家のユーリア・エンゲストロームの著作の翻訳（※2）を基にして作成されたものである。学習指導要領の検討過程の序盤で、第二回教育課程企画特別委員会に事務局から提出されたスライド資料が初出であるが、この委員会のまとめの「論点整理」（※3）や「答申」（※4）の付属資料の中にも掲載されている（次ページ図1については、元の横書き形式の図を、縦書き形式に作成し直した）。エンゲストロームはフィンランドの文化・歴史的活動理論の代表的な研究者であり、従来の学習論に批判的な立場をとり、拡張

※1　中田正敏「支援ができる組織創りの可能性～『対話のフロントライン』の生成～」（日本教育社会学会『教育社会学研究第92集』二〇一三）

※2　ユーリア・エンゲストローム著、松下佳代、三輪健二監訳『変革を生む研修のデザイン』（鳳書房・二〇一〇）

※3　中央教育審議会初等中等教育分科会教育課程部会教育課程企画特別部会「教育課程企画特別部会　論点整理」（二〇一五）

※4　中央教育審議会「幼稚園、小学校、中学校、高等学校及び特別支援学校の学習指導要領等の改善及び必要な方策等について（答申）」（二〇一六）

図：1

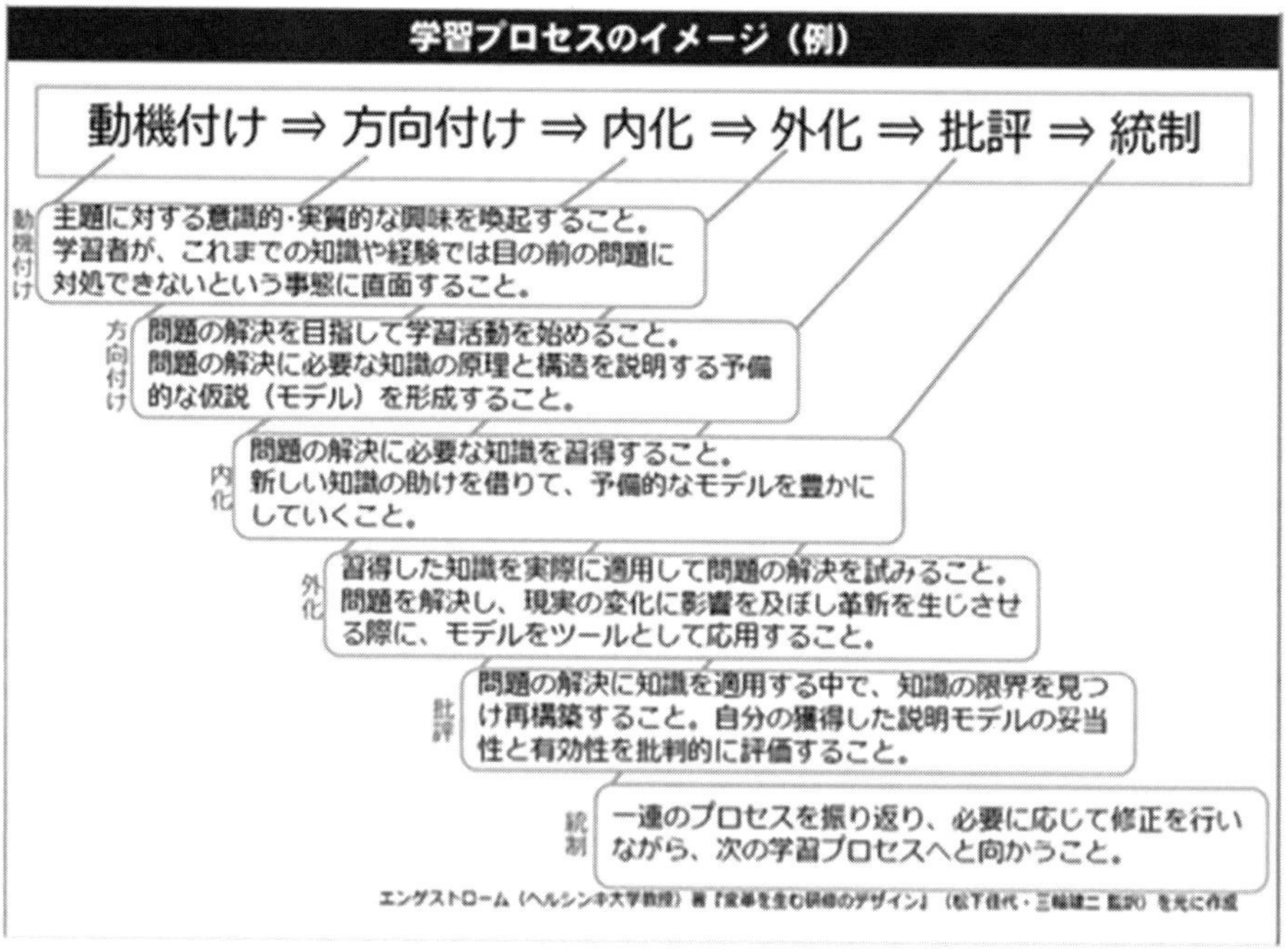
学習プロセスのイメージ（例）
動機付け ⇒ 方向付け ⇒ 内化 ⇒ 外化 ⇒ 批評 ⇒ 統制
動機付け
主題に対する意識的・実質的な興味を喚起すること。学習者が、これまでの知識や経験では目の前の問題に対処できないという事態に直面すること。
方向付け
問題の解決を目指して学習活動を始めること。問題の解決に必要な知識の原理と構造を説明する予備的な仮説（モデル）を形成すること。
内化
問題の解決に必要な知識を習得すること。新しい知識の助けを借りて、予備的なモデルを豊かにしていくこと。
外化
習得した知識を実際に適用して問題の解決を試みること。問題を解決し、現実の変化に影響を及ぼし革新を生じさせる際に、モデルをツールとして応用すること。
批評
問題の解決に知識を適用する中で、知識の限界を見つけ再構築すること。自分の獲得した説明モデルの妥当性と有効性を批判的に評価すること。
統制
一連のプロセスを振り返り、必要に応じて修正を行いながら、次の学習プロセスへと向かうこと。
エンゲストローム（ヘルシンキ大学教授）著『変革を生む研修のデザイン』（松下佳代・三輪建二 監訳）を元に作成

的学習論に基づき様々実践研究をおこなっている。拡張的な学習とは、現在の活動・組織の抱える問題やその背後にある矛盾を記述・分析し、さらに、新しい活動・組織を再デザインする一連の学習活動を意味する。

新学習指導要領の検討段階でこの理論がどのように扱われているかを見てみよう。第一回部会の議事録をみると、「アクティブ・ラーニング」について議論があり、「テクニックではなく学ぶ意欲につながるようにすべき」、「手練手管にならないよう、なぜその方法が妥当なのか考えることが必要」、「学習のメカニズムに関する様々な知見を共有して議論を進めるべき」などの意見があった。これを踏まえて、学習に関する知見のひとつとして紹介されている。少し細かい話になるが、エンゲストロームの学習のプロセス論は、アクティブ・ラーニングも当然含むが、子どもから成人までを対象とする汎用性の高い理論的枠組みである。

この図については、第二回の部会の中では「学習プロセス」は「動機付け、方向付け、内化、外化、批評、統制」のステップにより構成されていること、「簡単に言えば、内化という知識の習得、それから外化という習得した知識を適用して解決を試みる」という段階を「しっかり踏まえたプロセス」であるとし、「単に知識の記憶ということ」にとどまらない「学習の深いアプローチ」との関連をさせる形で簡潔に説明されている。

動機付け

もう少し詳しくみていきたい。動機付けについては興味を喚起することに加えて、「これまでの知識や経験では目の前の問題に対処できないという事態に直面すること」となっている。これについて、原典（※5）を見ると、動機付けは「学習者が認知的コンフリクト（葛藤）を経験し認識していることを前提」としており、コンフリクトは、「実践的な問題状況において、生徒のそれまでの概念では十分解決できないがゆえに解決を探究する中で、認識される」とある。逆に言えば、課題に直面して、これまでの概念や方法ではやっていけないことが明らかとなることで成立するのである。

　エンゲストロームは実質的動機付けが生じるのは、「生徒が、自分の知識や技能と自分が直面している新しい課題との間にあるコンフリクトを経験し認識する」局面であるとして、そこでは学習者は問題の前で立ち止まり、自分の知識と技能を批判的に評価すること」以外には「その問題を切り抜ける方法はない」ことに気づくことに着目している。その時に、なぜうまくいかないのか？　なぜわたしにとってこれは困難なのだろうか？　直面している問題を理解して根本的に解決しようという必要性が実感されるのである。

　動機付けの中核に位置しているコンフリクトにはいろいろある。両方とももっともだと思えるような二つの説明によるダブルバインド的な状況もあるし、先入観や態度と観察される現実との間にそれが生じる場合もある。したがって、学習の起点には、生徒が抱える矛盾や問題、生徒の知識の既有の枠組み、これから教授される新しい枠組みが注意深く分析されていなければならない。このような周到な準備を経て、コンフリクトによって実質的な動機付けが生まれ、学習活動が開始される。

※5
Y.Engestrom.Training for change :New approach to instruction and learning in working life Geneva,ILO

方向付け、内化、外化、批評、統制

「方向付け」については、「問題の解決に必要な知識の原理と構造を説明する予備的な仮説（モデル）を形成すること」である。実際には、様々な疑問に対する「説明力のある能動的なモデル」として独自の「レンズ」が求められる。問題現象については、それはどのようなものか？ どこに位置づけられるのか、どこに分類されるのか、どのように手続きを踏むか？ なぜ、こうなっているのか？ なぜこのような手続きを踏むのか？ これらの疑問を生み出す疑問として、どこから、どこに向かうものなのか？というものもある。これらは教師がある資料を示して、生徒が疑問をもてるようにすることがあるかもしれない。生徒は図とか表で答えることがあるだろう。新たなコンフリクトが生じ、それを契機として生み出される図表があるかもしれない。

　また、どの疑問が軸になるのかも状況によって異なるだろう。すべてをチェックリスト風に問いかけるのは実際的ではない。この方向付けの段階をたどるうちに、生徒は「既有の理解」の仕方や問題への対処の仕方を次第に変えていくのである。次第に課題の意味がわかり、自分の言葉にしていく内化の段階に入る。ここから、新しく獲得した解決モデルを実際に検証し、うまくいけそうだったら実際に応用する外化の段階に入る。この二つの段階は特に試行錯誤の中で往復することは十分にあり得る。これらのプロセスを経て、最後の「批評」と「統制」に入るのだが、これらについては後述の論点とも関連するので、詳しく見ていくことにする。

　まず、「批評」（クリティーク）については先にのべた中教審の資料でも「問題の解決に知識を応用する中で、知識の限界をみつけ再構築すること。自分の獲得した説明モデルの妥当性と有効性を批判的に評価すること」とまとめられている。原典をみると、「自分の獲得した説明モデルの妥当性と有効性を批判的に評価すること」であり、「課題を遂行する際にモデルを使用し、検討中のシステムがどのような現れ方をするのかを説明することを通して、生徒は、自分の説明モデルの弱点と欠落をチェックする」とし、さらに「生徒はそのモデルが応用できる範囲を決定し、さらに、そのモデルが拡張され、改訂される必要が出て来るような可能性のある問題を見つけようとする」ところまで進んでいる。

図2　サイクルモデル

※　学習のプロセスは疑問を基点とすること、フローチャートではなく、スパイラル上の双方向の矢印で表した方が実践的には意味がある。

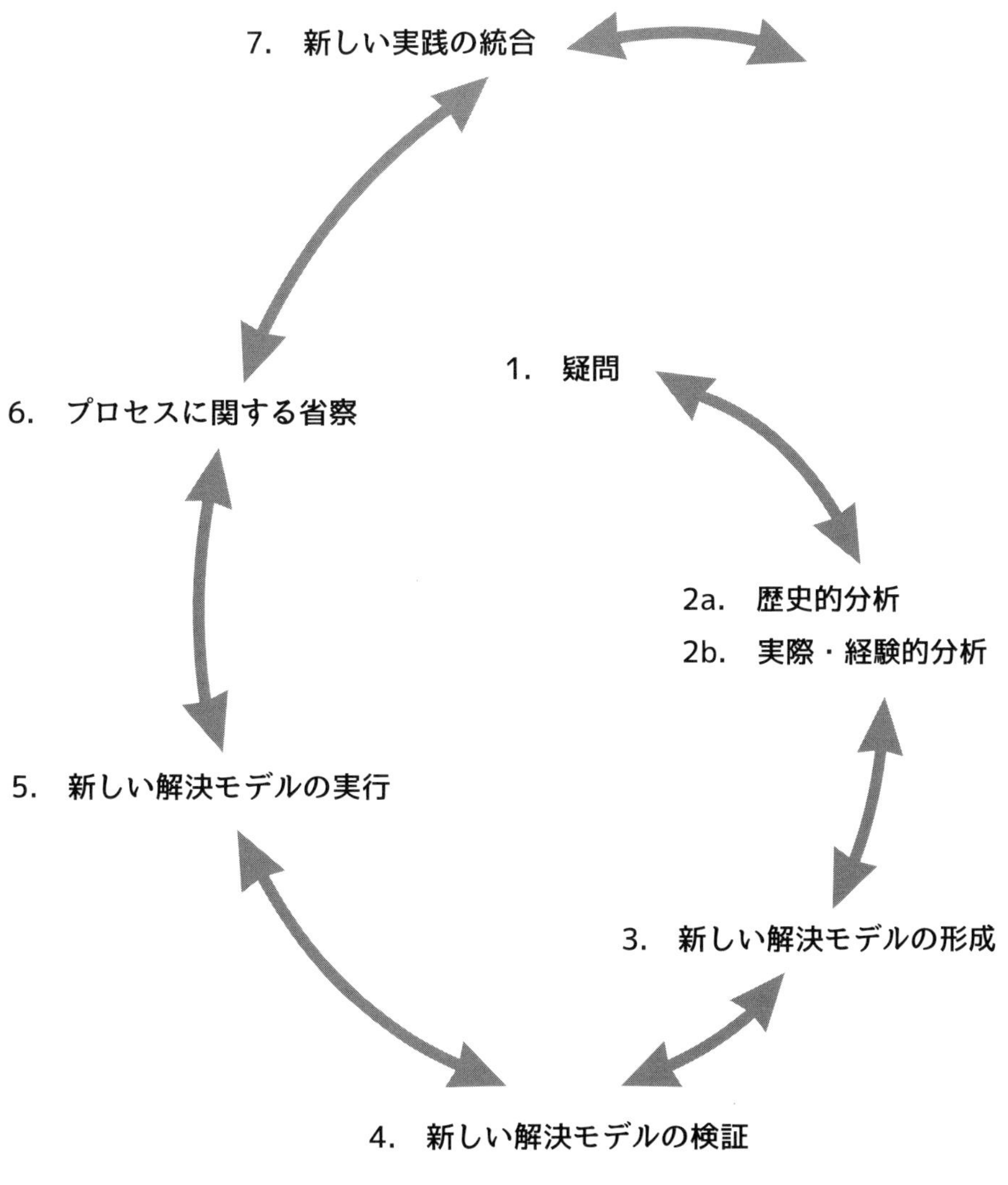
7.　新しい実践の統合
1.　疑問
6.　プロセスに関する省察
2a.　歴史的分析
2b.　実際・経験的分析
5.　新しい解決モデルの実行
3.　新しい解決モデルの形成
4.　新しい解決モデルの検証

Marianne Teräs, Intercultural Learning and Hybridity in the Culture Laboratory (2007)

「統制（コントロール）」については、中教審資料では「一連のプロセスを振り返り、必要に応じて修正を行いながら、次の学習のプロセスへと向かうこと」とまとめられている。

　これについても、原典をみると、「自分自身の学習自体を検討すること」であり、「生徒はいったん立ち止まって、新しいモデルの観点から自分の考え方とパフォーマンスを分析し、必要に応じてそれらを修正」し、さらに、「情報を組織化・解釈したり、新しく獲得した知識をベースに課題を解決したりする際の、自分の方法をチェック」して、「生徒は、意識的に自分の学習方法を改善しようとする」としている。

　こうしたプロセスの中で、生徒たちは新しいモデルについて深く考え、修正するかもしれないし、自分の学習方法自体を全体的に捉え返して、新しいモデルを全体のどこかに位置づけ、それをどのような局面で把握するのかを理解し統制するかもしれない。

　前節で紹介した事例を、以上のような「学習のプロセス」として丁寧に捉えると、インクルーシブな学校づくりの今後の方向性がさらに明確なものとなり、また、生徒自身がそのプロセスの中で発見できるものがかなり広がる可能性がある。

フローチャートから疑問を起点とするサイクルへ

　なお、中央審議会の図1はフローチャート風に描かれているが、実際の学校現場で生徒指導・進路指導なども広い意味での学習活動に含めて、「学習のプロセス」を「レンズ」として捉えてみると、このプロセスの中では複雑に行きつ戻りつするのが常態である（図2）。したがって、矢印は⇒ではなくて、双方向（⇔）で表現し、さらに、スパイラル状に表層から深層に及ぶレベルに進んでいくサイクルをイメージするほうが実態をとらえやすい。図2の第1～3段階は、動機付け、方向付け、内化の段階を別の言葉で示しているが、7段階の後で再び新しい課題に直面すること、第1段階に入ることを示している。

三　「深い学びの鍵」としての「教科ならではの見方・考え方」

深い学びの鍵

「深い学び」も新学習指導要領の重要なコンセプトであるが、「深い学びの鍵」として「教科ならではの見方・考え方」が位置付けられている。

教科「公共」の「見方・考え方」については「社会的事象等を、倫理、政治、法、経済などに関わる多様な視点（概念や理論など）に着目して捉え、よりよい社会の構築や人間としての在り方生き方についての自覚を深めることに向けて、課題解決のための選択・判断に資する概念や理論などと関連付けて」働かせるもの、とある。

深い学びの四つの要素

ところで、エンゲストロームは「深い学び」における四つの要素として、①まず軸として「学習のプロセス」の進行、②そのプロセスにおける実質的な学習の動機づけ、③そのプロセスにおける十分な社会的相互作用と協働、④主題事項（テーマ）の内容の適切な組織化を挙げている。「見方・考え方」は④の主題事項に関するものであり、あくまでも構成要素の一つである。「鍵」とは「ものごとの成否・展開を左右する、微妙なポイント」であるとすると、「見方・考え方」だけに限定して深い学びを追求することはあまり実践的ではないように思われる。むしろ、「深い学びの鍵」は「学習のプロセス」にあるだろう。

学習のプロセスに関する記述

第一節で紹介した具体的な取り組みは「学習のプロセス」を基軸に据えることにより明確に把握できるし、方向性が明確になる。

ところが、高等学校学習指導要領の各教科別の解説を見ると、「動機付け」及び「方向付け」というコンセプトが記載されているのは、公民、地歴、総合的な学習時間のみである。ちなみに、小学校、中学校学習指導要領解説でも同様である。また、どの教科においても、内化や外化、批評、統制というコンセプトは使われていない。それらを意味する言葉は断片的には記載されているものもあるが、「学習のプロセス」自体についてはかなり薄い記述になっている。教科「公共」を構想する枠組みとして、このような「学習のプロセス」論を軸にした学習論が必要不可欠であると考える。

四　学校内の「公共的空間」

前節の「深い学び」の四要素の中の、③については、第一節の中での「対話のフロントライン」とも深く関係しているが、ここでは公共性との関係で、「公共的なものというのは、ハンナ・アーレントに照らすと、ミーティングプレイス」であり、「異なったものや自分では実現できないものに出会うための共通の場所」（※6）という指摘に着目して、考えてみたい。

学校内の公共的空間　（一）

まず、学校内に公共的空間を創るというプロセスについて述べたい。

第一節では、インクルーシブな学校づくりの文脈で多様な「対話のフロントライン」に着目した。生徒の声は多くの場合は「聴き慣れない声」として現れる。しかし、対話の中で解決方法が模索される中で、それは「個人的な話」、私的領域の話ではなくて、公共的領域の話に近づくことがある。事例三の「財布の中に金がなかったこと」が典型的であるが、最初はたいてい個人的な話として始まるが、解決モデルを模索する中では、そのほとんどの場合、解決モデルは個人的な営為ではなく、人との関わりの中で把握される。

私たちは「ほとんどの場合、互いを『何』として処遇するような空間のなかに生きている」という指摘（※7）がある。実践の中で、最初は「生徒」「教師」等の属性で把握し、時には「表象の空間」が優勢であるが、やがて、その空間から離脱する局面がある。

「公共的空間」とは、「人々が自らが誰（who）であるかをリアルでしかも交換不可能な仕方で示すことのできる唯一の場所」として定義されるという。対話の中で、生徒自身が主体として立ち上がる瞬間があり、教職員は目の前にいる人を「生徒」の一人というより、これまでになかった「何か」を始める唯一無二の「誰」として認識する。生徒も目の前に

※6「政治学者　齋藤純一さんに聞く　公共的空間としての学校」（『教育と文化』九二号・アドバンテージサーバー・二〇一八）

※7　齋藤純一『公共性』（思考のフロンティアシリーズ　岩波書店・二〇〇〇）

いる人を「誰」として認識する。

「自らの言葉が他者によって受け止められ、応答されるという経験は、誰にとっても生きていくための最も基本的な経験である」ことからも、第一節で述べた「対話のフロントライン」とこの「公共的空間」との関係には着目する必要がある。

学校内の公共的空間（二）

「公共的空間」は、生徒と学校の教職員の間で形成され得るものだけではない。最近の新しい動きとして「高校内居場所カフェ」（※8）という場所もその一つだろう。そこでは、NPOのスタッフが学校内でカフェを開き、生徒と対話ができる関係が成立し、そこから生徒一人ではできないが、関係者が結びついて支援が共同構成されるというプロセスが始まることがある。教職員には話がしにくいことも話題とすることができるこの「空間」では生徒はだんとちがった「誰」として登場している。

学校内に「公共的空間」というコンセプトで把握されるものが広がってくる中で、後に触れるが、生徒が「公共的空間」を実感できる機会が増えて、それが学びを深くする可能性が高まるだろう。

まとめ

最後に、学習のプロセスという文脈と公共的空間づくりという文脈から、教科「公共」について実践的な視点で構想する「見方・考え方」について考えてみたい。

例えば、新学習指導要領の解説では、「公共」について、「（1）公共的な空間をつくる私たち」の中に「自らの体験などを振り返ることを通して、「自らを成長させる人間として在り方生き方について理解すること」とあり、「対話を通して互いの様々な立場を理解し合う存在であること」「自分自身が、自主的によりよい公共的な空間を作り出していこうとする自立主体になること」が言及されている。問題は、学校などでの「自らの体験」の中で「学習のプロセス」や「公共的な空間」というものがどのようになっているのか、を批判的に評価することであろう。教職員はすでに様々な体験をしてきている高校生と共にこれまでの体験の中に「公共的空間」づくりや「学習のプロセス」の萌芽を見出すことが重

※8　居場所カフェ立ち上げプロジェクト編著『学校に居場所カフェをつくろう！　生きづらさを抱える高校生への寄り添い型支援』（明石書店・二〇一九）

要である。生徒が自己の体験をきちんと言語化し、さらに教科書の内容なども含めて批評するという視点ももち、現在の学校内外での様々な体験を振り返る契機がなければならない。

この振り返る契機に関して、先に述べた「学習のプロセス」の批評・統制に関するエンゲストロームの原典の記述を参考として最後に少し詳しくみていきたい。

批評については、生徒がいま学習している知識について、「実践からさまざまなものを学ぶためのツールを提供しているだろうか、何がその知識の強みであり、あるいは限界なのか」について教師は留意する必要があるとしている。また、教師としては統制については評価と関連させて捉える必要があるという指摘もしている。教師は生徒の学習を評価するのだが、その一方で生徒も自分自身の学習を評価し修正することが求められている。その際、具体的には、生徒は以下のような自問をする。「自分が所属しているグループや自分はいったい何を理解したのか」、「学んだことがらによって何ができるようになるのだろうか」、「学びそこなったことは何だろうか」、「どのように学習したのだろうか」「自分たちの学び方の弱みと強みは何か」「自分たちはどのような学習の方略を採用したのか」などである。

ところで、この「統制」の手法としてテストが一般的であるが、エンゲストロームはこの統制技術は普通はあまり深く考えることなく使われているという指摘をしている。テストのような統制技術は、「深い理解や実践の学びにはほとんど関係のない抽象的な尺度を使って、生徒の中に道具的動機付けを呼び起こし、生徒をたえず序列化するのに使われる」としている。「道具的動機付け」とは「外的な報酬を受け取ろうとするか、失敗することや罰を与えられることを回避しようとするか、それらのどちらかに基づいたもの」である。このような統制技術をツールとして使うことによって「生徒の理解の仕方や学んできたことを創造的に応用する力といったものを測定するというよりは、生徒の生み出す正答の数を測定することのみに注目しがちになる」。ちなみに、この道具的な動機付けが、生徒の勉強に対して支配的なものとして君臨することが多いが、そうなると、「生徒は基本的には学ぶ事項の内容や実際の有用性には興味をもたず」、学習とは「よい点をとること」だけをめざすものとなる。そうならないようにするためには、統制の段階では、評価は、生徒に正解を示した後に、それで終わりとするのではなく、その「正解」についての賛成意見や反対意見を論じることなども含めて、創造的な評価・統制の方法が開発される必要がある。

以上のようなエンゲストロームの指摘を踏まえると、生徒がまったく知らないことを知識として教えるということではなく、例えば、様々な場面で「公共的空間」づくりという新たな課題に直面し、既有の方法論では通用していないのではないかという疑問をもつことが、教科「公共」における学習の原点になると考える。

高校国語教育の行方

〜実用とイデオロギー志向の国語でいいのか？〜

小嶋　毅
こじま・たけし

1959年生まれ。神奈川県立厚木清南高等学校教員（国語科）。神奈川高教組・教研・日本語教育小委員会常任委員。主な著作に『どうする？どうなる？これからの「国語」教育』（共著、幻戯書房）、『ちくま近代評論選　日本近代思想エッセンス』解答編（共著、筑摩書房）、「高校国語教育の危機―新学習指導要領・新テストは高校国語教育をどう変えるのか―」（『教育国語』、2019年6月）など。

新学習指導要領は、高校国語教育を劇的に変えようとしている。また、来年一月から始まる大学入学共通テストにおいても、実用的文章や、図表・グラフ等複数の資料を出題内容に含ませる変更が行われる。一連の国語教育「改革」に対しては、紅野謙介『国語教育の危機』（ちくま新書、二〇一八年）をはじめ、各界から「文学軽視」「薄っぺらな実用主義」と批判の声がやまない。ではその「改革」はどのようなものか。ここでは新指導要領の必履修科目を中心に、その傾向と課題について述べる。

一　新指導要領（国語）の概要

現行の必履修科目「国語総合」四単位は「現代の国語」「言語文化」各二単位に分け、両方必履修に改められる。選択履修科目は「国語表現」「現代文A」「現代文B」「古典A」「古典B」から「論理国語」「文学国語」「国語表現」「古典探究」各四単位となる。新指導要領の傾向として、次の三点があげられる。

（一）「実用」重視、文学の排除・縮小

「現代の国語」「論理国語」「国語表現」は「実社

会に必要な国語の知識や技能」、「言語文化」「文学国語」「古典探究」は「生涯にわたる社会生活に必要な国語の知識や技能」（傍線筆者）を育てるという「目標」を掲げた。言語技術重視の実用主義である。「現代の国語」の「読むこと」の教材は「現代の社会生活に必要とされる論理的な文章及び実用的な文章」に限り、「文学的文章」を排している。選択履修科目の標準単位数は各四単位と大きいため、入試対策で「倫理国語」が優先的に履修され、文学を学ぶ時間が大幅に減ることが懸念されている。

（二）（特に、近代以降の）「読むこと」の縮減

「現代の国語」は「話すこと・聞くこと」に総時問数の二一〜三六%、「書くこと」に四三〜五八%を充てるが、「読むこと」にはわずか一四〜二九%しか充てない。「言語文化」は八六〜九三%程度を「読むこと」に充てるが、うち古典は科目全体の五七〜六四%程度で、近代以降の「読むこと」は科目全体の二九%しかなく、しかも、「我が国の言語文化への理解を深める学習に資するよう、我が国の伝統と文化や古典に関連する近代以降の文章を取り上げる」という制限が付く。「現代の国語」に文学的な文章は入らないから、近代以降の文学的な文章を読む時間は最大でも必履修全体の一四%、総時間一四〇時間中の二〇時間しかない。「羅生門」あたりと、ごくわずかな評論（「我が国の伝統と文化や古典に関連する」評論）等に触れたら必履修での近現代文学の授業はもうおしまいとなる。

（三）「我が国の伝統と文化」の重視

国語の「目標」は「言語感覚を磨き、言語文化に対する関心を深め、国語を尊重してその向上を図る態度を育てる」から「言葉のもつ価値への認識を深めるとともに、言語感覚を磨き、我が国の言語文化の担い手として自覚をもち、生涯にわたり国語を尊重してその能力の向上を図る態度を養う」（傍線筆者）へと改められた。「我が国の」という規定語を付け、担い手の「自覚」や「生涯」にわたる国語の「尊重」と「能力の向上」をはかる態度の育成を求める。科目「言語文化」では古典だけではなく近現代も含めた「我が国の伝統や文化」への理解を深め、「伝統と文化」が今につながっていることの理解とその尊重を求めている。

次に、必履修科目を中心に、各科目の特徴と問題

点を述べる。

二　科目の特徴と問題点

（一）実用的技術一辺倒の「現代の国語」

「現代の国語」は端的に言うと、「実社会」で必要な文書を書いたりプレゼンしたりする技術の育成科目である。「話すこと・聞くこと」「書くこと」に多くの時間を当て、「読むこと」は少ない。「読む」教材は「現代の社会生活に必要とされる論理的な文章及び実用的な文章」に限る。文化的価値が蓄積された様々な文章を読み人間や社会に対する認識を深めることを大事にしてきた今までの国語とはまるで異なっている。

その内容のイメージは大滝一登視学官の編著書（※1）に掲載された「現代の国語」の「年間指導計画」でつかめる。ここでは、「話すこと・聞くこと」として、スピーチ、文化祭企画に関する話し合い、講演の聞き取り、インタビュー、文化祭の案内の工夫、ディベート等を学ぶ。「書くこと」では意見文・小論文の他、エントリーシートや図書館利用案内を書く等

※1　大滝一登編著『高校国語　新学習指導要領をふまえた授業づくり［実践編］』明治書院、二〇一九年三月。

する。実用主義・言語技術主義一辺倒であり、社会や自己について考察して表現させる観点は乏しい。

「読むこと」も実用主義・言語技術主義に貫かれている。例えば、高齢者に防犯対策を呼び掛けるチラシを作る学習に四時間も費やす。警察のパンフ、被害状況を示す図表、新聞記事等を示し、キャッチコピーの表現を吟味したり、班でチラシを作成して相互評価したりする。これは果たして高校国語の「読むこと」の学習なのだろうか？

文科省は一昨年、教科書会社を対象に「高等学校学習指導要領解説　説明会」を三回行い、その際「現代の国語」に入る文章は「非文学」でなければならないという指導・助言を行った。大滝氏はそこで「（「現代の国語」には）小説を含めて、フィクションの入る余地はない」と明言、漱石他の評論作品名を列挙し「教科書に長年掲載され続けてきた評論や、文学全集に収録されているような評論、あるいはいわゆる文豪の非文学的作品等は、『現代の国語』ではなく『言語文化』『文学国語』で扱ってほしい」と述べた。今まで優れた教材とされてきた近現代の知の遺産は排除するというのである。

氏の編著書には「論理的な文章を比べて読もう」

「新聞の社説を比べて読もう」「目的に応じて文章を比べて読もう」「新書の批評を書こう」という「読む」単元があるが、どれも、読んだ文章の論の展開や表現の仕方等を検討し、批評し、交流するような展開になっている。文章の内容を考察することはさせず、文章を書いたり話したりする際参考になる形式（技術的要素）にばかり注目して読ませようとしているのである。

「現代の国語」は、多くの人の想像もつかない新科目だ。が、かくも厳しく教材や指導内容を制限する大改変を指導要領やその解説（※2）には具体的に記さず、事実上の指示が口頭で行われている。教科書会社の人によると、この説明会には参加義務はないが、検定の際には「説明会で説明したのに」と意見がつくという。これはフェアなことだろうか？

※2　文部科学省『高等学校学習指導要領（平成三〇年告示）解説　国語編』東洋館出版社、二〇一九年三月。

（二）イデオロギーに傾く「言語文化」

「言語文化」は古典中心だが「我が国の伝統と文化や古典に関連する近代以降の文章」も扱う。この科目は文科省が一九八〇年代から中教審答申を受けて追求してきた「日本人としての自覚」を高める教科と見てよい。理想化・一元化された「日本語」「日本文化」の典型を印象づけ、愛国的心情へと導く。

大滝氏の編著書に示された「言語文化」の「年間指導計画」では一六単元中四単元に「伝統的なものの見方」を探究する課題が設定されている。他の単元にも「我が国の伝統や文化に関連する文章」が取り上げられていて、改正教育基本法の「伝統と文化を尊重し、それらをはぐくんできた我が国と郷土を愛する」という目標を授業によって達成させようとする意思が読み取れる。「伝統的な文化」は本来多面的なものだが、それを一元化して愛する方向に導こうとするものであり、特定イデオロギーに傾く危険を内包している。

イデオロギー傾斜の例を挙げる。単元「小説に表れている日本人の伝統的なものの見方を捉え、内容を解釈しよう」では、川端康成「バッタと鈴虫」を読んで「作品に描かれる日本人の伝統的なものの見方をテーマとして」学習をさせる。

この単元ではまず作者が「『日本人の心の精髄を、優れた感受性をもって表現した』として日本人で初めてノーベル文学賞を受賞したことを確認」し、『雪国』の冒頭や、川端が講演で引用した和歌とその英訳を比較したりする。次に作品音読後、作品の概要をとらえ、作品に描かれた「日本人の伝統的なものの見方」をテーマにグループ学習をし、まとめをする。

グループ学習では「テーマを踏まえ、作品の内容に関して5W1Hを含む問いを作り、グループ内で発表」「グループで選んだ問いを学習課題として個人、グループで考察（「主張」「根拠」「論拠」を整理）」する。論拠を明確にして主張をする学習は大事だし、形としては整った指導計画だが、形象を丁寧に読んで主題に迫る基本的過程を踏んでいない。また、テーマを「日本人の伝統的なものの見方」に絞っている点が大きな問題である。

「バッタと鈴虫」は、少年が、捕まえた鈴虫を「バッタだよ」と言いながら少女に手渡し、それがバッタではなく鈴虫だったと知った少女の喜びを見て自分も歓喜する少年の一コマを描く。人生には一瞬であれ輝かしい「とき」があること、その「とき」が失われていくことへの切ない思いが主題だろう。この作品の学習テーマを「日本人の伝統的なものの見方」に絞るのは正しいだろうか？　この本には主題分析は記されていないが、導入時に扱う和歌によって『四季折々の自然』『余情』『はかなさ』『思いやり』等を重んじる日本人の感性を想起させ」る、とあるから、「バッタと鈴虫」からも日本人の「余情」や「はかなさ」を読み取ることを想定していると推察される。学習テーマを一つに絞ることによって、作品の他の側面は切り捨てられる。作者ないし語り手のものの見方感じ方は一回限りの現象として作品に刻まれているのに、それを日本人の一般的傾向を抽出する材料として扱うのは危険だ。そもそも日本人は「四季折々の自然」「余情」「はかなさ」「思いやり」を重んじるというが、その「エビデンス」はあるのだろうか？　また、日本人以外の生徒のことは考慮されるのだろうか？

「バッタと鈴虫」の主題はどの民族の人にも共有されうる、普遍的なものだろう。それを「日本人の伝統的なものの見方」に閉じ込め、歪めるのは間違っている。このような学習は、特定の作品観や人間観を押し付けるものとなる恐れがある。一方で「論理的」「実用的」な授業を推奨しながら実際の授業がこのようなものになるなら、これは論理的でも実用的でもなく、矛盾しているという他ない。

別の単元「小説に表れた『家族観』を読み味わおう」では三浦哲郎「とんかつ」、江國香織「子供たちの晩餐」を読み比べ、両作品の「家族像の相違点、共通点を把握し、自身の体験や考え方等と照らし合わせ、『家族』をテーマにエッセイを書く」学習をさせる。作者も内容も異なる作品を読み比べ、その「家族観」のみを読みとるのは国語の学習目標として適切だろうか？　優れた作品の表現等をじっくり味わうこともせず、その内容の一面だけを社会学のように扱うのでは言語の学習にも文学の学習にもならない。こうした予定調和的授業がもたらすものは、ものごとを多角的に検討する知性ではなく、「日本人の伝統的なものの見方、考え方」や「家族」に関するステレオタイプな見方の形成だろう。「桜」をテーマとした古今の作品を読み比べる単元にも、同様のものがある。「日本人は、散りゆく桜に美を感じる民族だ」「皆で食卓を囲む家族は素晴らしい」といった固定的観念を植え付け、それ以外の感受性や暮らし方を排除する方向に生徒を導かないか？　義務教育における「道徳」の教科化と結びつけると、おぞましい未来が見えてきそうだ。

（三）枠組み自体に難がある「論理国語」「文学国語」

「論理国語」「文学国語」に関しては、論理と文学の切り分けが可能なのかという根本問題がある。文学は、純粋な論理とは異なる論理を独特な方法で表現し、人間や社会について根源的な問いを発している。例えば、優れた評論は、一般にロジックとレトリックとの織物のようなものである。漱石の文明批評などその典型だが、これも「現代の国語」「論理国語」に入れるなという。こうなると、巧みな表現で読者を引きつけ、若者の心に火を灯す文章は「論理国語」では扱えなくなる。味も色気もない文章だけを素材にして、純粋な論理や実用的側面だけを学ぶ授業に生徒がついてくるだろうか？「論理国語」「文学国語」は、枠組み自体に無理がある。

（四）生徒の階層化をもたらす危険：「国語表現」を選ぶ生徒とは？

『現代思想』二〇二〇年四月号の大内裕和・紅野謙介の対談で大内は「国語表現」は「高卒就職者に即時的に対応した内容」だとして、「文学国語」を選ぶトップ校、「論理国語」を選ぶ進学校、大学進学をめざさず「国語表現」を選ぶ高校という三層構造になる懸念を述べている。新指導要領の底流にある思想は、佐藤泉が一九九八年版指導要領について行った分析（※3）を借りて言えば、新自由主義的市場社会への適合の論理と、その一方で起きる分断を糊塗する統合の論理としてのナショナリズムとの「ワンセット（化）」だといえよう。

三　まとめ、今後に向けて

実用的な技術を重視するねらいは産業界が求める即戦力を養うことだろう。しかし、「文学作品のつとめは、なみの人間にはみえないものを、なみの人間にもみえるように、あざやかにさしだすことにある」（※4）のであり、文学は人間観や社会観を豊かに養ってくれるものである。教育基本法第一条にいう「人格」を育てるうえで、文学教育の意義は大きい。「現代の国語」「論理国語」には文学的な文章も扱えるようにし、教科書検定や採決、教育課程編成では慎重かつ柔軟な運用を行うことが必要だ。「言語文化」では、「伝統と文化」のステレオタイプを押しつけず、日本語も他の言語も尊重しつつ相対化し、文化の多様性を保障する授業を組織したい。

なお、各科目を今後どう改善していくかについて、日本学術会議の提言「高校国語教育の改善に向けて」（本年六月三〇日、同会議ＨＰに掲載）が境界横断的な発想の必要性、教科書検定における柔軟な対応、選択科目の設定見直し等、具体的な方策を提示している。同提言は、新指導要領の選択科目のフレームは変えず、全体的に科目名や中身を変える案を示している。「現代の国語」「言語文化」を「総合国語」に再統合する案など、注目に値する。ただ、「論理国語」の後継科目案「思考と言語」（仮称）、「文学国語」の後継科目案「言語と創造」（同）の中身や両者の区別が必ずしも明確とは言えず、文学と論理の間に線引きをした新指導要領の枠組みに引きずられている印象をぬぐえない。また、文法・語彙・発音・文字を体系的に教える本格的な「言語教育」（読む・書く・話す・聞くという「言語活動の教育」とは別に取り出して行う、言語／日本語そのものについての教育）の視点が欠落しており、なお検討を要すると考える。

付記　本論は、拙論「高校国語教育の危機―新学習指導要領・新テストは高校国語教育をどう変えるのか―」（むぎ書房『教育国語』四―一七頁、二〇一九年六月）に修正・加筆したものである。教科名「国語」は、「日本語」に改めるべきだと考えるが、本稿では、現行の教科名を用いた。

※3　佐藤泉『国語教科書の戦後史』勁草書房、二〇〇六年、二〇二～二〇三ページ。

※4　奥田靖雄「テーマをめぐって」、『奥田靖雄著作集01文学教育編』むぎ書房、二〇一一年。

道徳教科化後の再発見

大森　直樹
おおもり・なおき

東京学芸大学教授。学部と大学院では人権教育などを担当。専門は教育史。著書に『子どもたちとの七万三千日—教師の生き方と学校の風景』（東京学芸大学出版会）、『道徳教育と愛国心—「道徳」の教科化にどう向き合うか』（岩波書店）、『福島から問う教育と命』（岩波書店・共著）など。教育総研『資料集 東日本大震災・原発災害と学校—岩手・宮城・福島の教育行政と教職員組合の記録』（明石書店）の刊行に際してはプロジェクトチームの委員をつとめた。

はじめに——全体的な変化

道徳科が教科書をつかって行われるようになり、小学校は三年目、中学校は二年目になった。教科化による道徳の授業にかかわる変化は大きく二つにまとめられる。

まず、教科書と指導書の通りの授業がひろく行われるようになった。小学四年から道徳科の授業を受けてきたいま六年生の子どもがつぶやいている。最近は「テレビが見られなくなっちゃったんだよ」。

次に、道徳科の評価がひろく行われるようになった。国が様式案を定めている指導要録における道徳科の評価は年一回行われている。制度の縛りがない通知表に関しては、あえて道徳科の評価を行わない学校もあるが、年一回、あるいは、学期毎の評価を行う学校が多い。

道徳の教科化は、その制度の枠組み通りに、表面上は定着しつつあるとみてよいだろう。

一　少数者のとりくみ

だが、そうした学校の風景だけがひろがっているわけではない。全国には、教科書と指導書の通りの授業に違和感を持ち、それらとは一味違った授業を重ねている教員もいるからだ。

A先生は、教科化されても「私の教室内外での変化はひとつだけで、指導要録と通知表に評価欄ができたこと」だけという。その評価欄もA先生の学校ではあまり意味のないものにできた。このため、「教室内では今までと変わりなく、道徳の時間としてテレビを見たり、教科書外の話をしたりして」いるという。A先生の教室には子どもが安心できるゆるやかな雰囲気がある。

B先生は、二つのことを心掛けている。一つは、教科書にある「道徳的な葛藤場面」の「解決」については、教科書に書かれたのと「別のやり方もあること」を子どもが発見できるようにすること。そのため、教材に対応している内容項目を意識しすぎないようにしている。内容項目を意識しすぎると、どうしてもひとつの「解決の仕方」に子どもを誘導することになる。二つは、がんばらないこと。「教科は学習内容定着のためがんばるが、道徳科で同じようにがんばると内容項目の定着を強制することにつながる」と考えている。こうした二つの心掛けにかかわるとりくみには全国における広がりもあり、宮澤弘道・池田賢市『「特別の教科 道徳」ってなんだ?』(現代書館・二〇一八)が課題と方法の整理を行っている。

C先生は、教科化されてから、あえて道徳主任を引き受けている。いま多くの学校では、教科書会社がつくる道徳科の年間指導計画案をダウンロードして、それをそのまま自校の計画とすることが多いが、それだと教科書の教材だけを使うことになる。そこでC先生は、教科書の全教材と自主教材を読み比べるところからはじめて、学校の年間計画案をすべてつくっている。

二　制度的欠陥——基準国定と検証欠落

これらのとりくみに共通しているのは、道徳科には制度的な欠陥があることに着目をして、その欠陥が子どもに及ぼすマイナスの影響を少なくしようと努めていることだ。制度的な欠陥には二つの側面がある。

一つは、この制度では、子どもが身につけるべき道徳基準(内容項目、道徳的価値なども同義)を国が学習指導要領(文科大臣告示)により定めていること。このような道徳基準の国定と、それにもとづく教育には、憲法が保障する諸権利(個人の尊厳、思想良心の自由ほか)の侵害にあたるおそれがある。

二つは、国定の道徳基準にもとづく教育には戦前期五四年と道徳特設期六〇年をあわせた一一四年の歴史があるが

（※表1）、それらが子どもに及ぼした影響の検証が行われていないこと。歴史的な検証の欠落である。

こうした制度的な欠陥については、まだ教育界における認識の共有が果たされていない。道徳科に批判的な論者のなかにも理解の不足がある。その一例として、前川喜平《きへい》の言葉を参照しておきたい。

学習指導要領が設定した道徳的価値の中には「自由」「平等」「平和」など憲法的価値と一致するものもあるが、その扱いは極めて小さい。一方、「家族」「学校」「郷土」「国」という集団の帰属意識や、「節度」「礼儀」「規則」「公共の精神」など集団を束ねるための規範はこれでもかというほど並べられている。これらの多くは憲法から導き出せない価値であり、さらには「父母・祖父母への敬愛」「国を愛する心」など、個人の尊厳という憲法的価値に違背する疑いのあるものも含まれている。人間の内面的価値への限度を超えた国家的介入であると考えざるを得ない（前川喜平『面従腹背』毎日新聞出版・二〇一八）。

前川は道徳科が制度化されたときの文科事務次官である。その前川が、退官から一年五ヵ月後に上梓した著書に

表1　国定の道徳規準による教育（小学校）

時期区分	国定の道徳規準による教育を定めた省令・告示等	道徳規準の国定文書	道徳規準項目数
戦前期 1892~1945年度	1891　小学校教則大綱（省令） 1941　国民学校令施行規則（省令）	1890　教育勅語 （君主の著作）	11＋総括項目
空白期 1946~1957年度	1947　国民学校令施行規則の廃止（省令）	1948　教育勅語の排除・失効（国会）	
道徳特設期 1958~2017年度	1958　小学校「道徳」実施要綱（通達別紙） 1958　小学校学習指導要領　道徳編（告示） 1968　小学校学習指導要領　（告示） 1977　小学校学習指導要領　（告示） 1989　小学校学習指導要領　（告示） 1998　小学校学習指導要領　（告示） 2008　小学校学習指導要領　（告示）		36 36 32 28 22 22 22
道徳教科化期 2018年度～	2015　小学校学習指導要領一部改正（告示）		22

おいて、道徳科による教育のなかに、たとえ一部であれ憲法違反の疑いを認めた事実は重い。まずこのことの共有が教育界では必要だ。

ただし、前川は、国が道徳基準を定めることそれ自体を問題にするのではなく、憲法的価値と違背する疑いのある道徳基準に限ってそれを問題にする論理を組んでいる。だが、たとえ普遍的にみえる道徳基準であったとしても、それを国が定めることを不問にしたとき、教育現場には何が起きるのか。前川の言葉は、道徳基準の国定が子どもに及ぼしてきた影響の検証をふまえたものとは言い難い。

三　内面化・表層受容・教育劣化

一一四年の歴史を通じて何が起きてきたのか。これは三つに整理できる。一つは、国定の道徳基準を内面化させて、子どもの人生を狂わせることが行われてきた。戦前期における事例をひとつだけ記したい。一九二五年に生まれた北村小夜《さよ》は、一九三八年に高等女学校に入学し、女でも靖国に行くため、一九四二年に日本赤十字社救護者看護婦養成所に入所した。一九四四年に中国東北の鉄嶺陸軍病院において従軍看護婦となる。北村を「軍国少女」になるよう「唆《そそのか》した」多種多様な仕掛けのなかで、国定の道徳基準による教育もその一翼を担っていた（北村『画家たちの戦争責任』梨の木舎・二〇一九）。

だが、いつでも内面化が起きたのではない。二つは、右のことと同時に、国定の道徳基準については、その表層的な受容もひろく行われてきた。成績や進学のために、道徳基準を「意味も内容もわからず、ただの暗記」（佐藤藤三郎『ずぶんのあだまで考えろ』本の泉社・二〇一二）をすることは戦前期からひろくみられた現象であり、教員の期待する回答を察知して素早く応じる子どもの行動は、道徳特設期にも散見されてきた。とくに国定の補助教材（心のノート・私たちの道徳）の配布が始まった二〇〇二年度以降は、表層的な受容が、子どもに不信と痛苦をもたらすことへの心配が増大している。国定の補助教材と検定教科書の一部では「父・母・子」からなる家族の例示が行われ「父母」への「敬愛」を子どもに求めており、とくに教科化後はその学習が評価の対象に位置付けられている。家族の別離や家族内の葛藤に直面している子どもが「家族が大好き」を強いられるとき、その表層的な受容は、自他への不信や痛苦をともなったものとなるだろう。

三つは、教育の劣化が起きる。教育課程の一角に国定の道徳基準の学習が位置付けられると、学問と事実にもとづき自然・社会・人間について認識をふかめる学習の営みがマイナスの影響を受ける。教育学者の桂正孝が次の指摘をしている。道徳科では「遵法精神」「社会正義」「公共の精神」などがあげられているが、本来それらは「社会科教育の領域」であり、「たとえ議論を重ねても、客観的、普遍的、実証的で学問的な論拠を追求する学習を欠くならば、心情主義的ないしは観念的で徳目主義的な議論しか成り立たない」だろう(『季報唯物論研究』二〇一九年一一月の特集「徹底討論　道徳教育を問い直す」の桂論文より)。

四　「主観的教育課程論」の成立――一九四七

なぜ、右のような制度的欠陥が道徳特設期に限っても六〇年間放置されてきたのか。そればかりか、制度的欠陥とマイナスの影響の拡大につながる教科化がすすめられたのか。その政策背景を、報道や研究は、まだうまく説明ができていないように私には思える。一つ、能力主義によりロータレントに選別された人々を従順に生産に参加させるための政治的・経済的要請を重視する説明がある(山崎政人『自民党と教育政策』岩波新書・一九八六)。二つ、「新たな国際紛争の時代に入り、国の教育改革は経済的要請に加えて軍事的要請の比重が高まった」(毎日新聞編集委員伊藤智永の二〇一七年の指摘)ことを重視する説明がある。

いずれも重要な論点だが、道徳特設期と道徳教科化期のこの制度がもっている完成度の低さ(学問の裏付けが薄弱な道徳基準の構成、国定副教材と検定教科書の教材の稚拙さなど)との関係が十分に説明されていない。

右の論点とあわせて、教育課程論の問題を考える必要があるように思う。それを一言で述べるとすれば、①かつて敗戦により連合国軍の占領下にあった文部省内においてきわめて特殊な教育課程論がつくりだされて、②それが省内と教育界において強い力をもつようになり、③子どもの必要とは隔絶した教育課程基準の具体化を許してきた、となる。このきわめて特殊な教育課程論のことを、本稿では「主観的教育課程論」と呼ぶことにしたい。

一般に教育課程論とは、教育実践と教育学の成果をふまえて教育課程の具体的な内容を明らかにすることを主題としている。これを「客観的教育課程論」と呼ぶことにする。これとは異なる「主観的教育課程論」とは、教育課程の具体的な内容を論じるのではなく、全国の学校の教育課程に影響を及ぼす絶対的な権力(決定権)の存在を前提にして、だれがその権力を握るのかを問題にする教育課程論である。「客観的教育課程論」が教育課程論における正道であるのに対して、「主観的教育課程論」はその邪道である。

占領下における「主観的教育課程論」のはじまりは、新学制の策定過程だった。当初、新学制における教育課程の具体的な内容（「客観的教育課程論」）をリードしたのは連合国軍のＣＩＥ（民間情報教育局）教育課だった。修身科は停止から廃止となり、社会科と家庭科が新設され、歴史教科書も書き換えられた。文部省は「客観的教育課程論」においては、譲歩を重ねるしかなかった。だが、文部省は、全国の学校の教育課程に影響を及ぼす決定権を自らが握ることについては、つまり「主観的教育課程論」においては、ＣＩＥ教育課から譲歩を引き出している。

　まず、授業科目の決定権について、ＣＩＥ教育課は公選された教育委員会にあるものと考えたが、「教科に関する事項」は「監督庁」が定めることになり、その「監督庁は、当分の間、これを文部大臣とする」ことが一九四七年の学校教育法に書き加えられた。同法にもとづき、文部省令の学校教育法施行規則（以下、施行規則）第二四条が授業科目を定めることになった。

　次に、学習指導要領の決定権について、ＣＩＥ教育課は公選された教育委員会にあるものと考えたが、その法定はなされず、文部省は同年から学習指導要領の発行をはじめた（ただし表紙には試案の文字が付された）。

　これらに関しては、ＣＩＥ教育課との折衝にあたった文部官僚の内藤譽三郎《たかさぶろう》が一九六八年の時点で次の回想をしている。「ともかく彼等〔ＣＩＥ教育課〕の徹底した地方分権で、権限を全部教育委員会へおろせというのです。そうしたら教育行政はバラバラになってしまう。そこで学校教育法では、監督庁という言葉で司令部をだました。そして後になって、文部大臣がやらなければならないことは全部文部大臣とし、地方に任せてよいものだけ府県におろした。〔中略〕さもなければ文部省の権限など吹きとんでしまった」（荻原克男『戦後日本の教育行政構造』勁草書房・一九九六より重引）。

　あらためて確認しておきたいのは、当時の文部省には、敗戦後の新たな教育課程基準を考案するための準備や実力がなかったことである。にもかかわらず文部省は、全国の教育課程に影響を及ぼす決定権をこのとき再び手にしつつあった。

五　「主観的教育課程論」の暴走――一九五八

　ここに一九四七年の施行規則第二四条を引用しておきたい。「小学校の教科は、国語、社会、算数、理科、音楽、図画工作、家庭、体育及び自由研究を基準とする」。この条文により、修身の廃止は確定となり、新学制下の教育課程が全国で組まれることになった。この条文には、「客観的教育課程論」の観点からみたときに多くの意義があり、当時から今日にいたるまで、一貫して、高い評価が与えられてきた。

だが、この同じ条文を「主観的教育課程論」の観点からみると、そこには文部省による授業科目の決定権の再掌握という側面が見えてくる。このことは教育現場の側からも不問にされて、やがて文部省による「主観的教育課程論」の暴走を許すことにもなった。

その暴走は一九五八年に起きた。施行規則第二四条は次のように改められた。「小学校の教育課程は、国語、社会、算数、理科、音楽、図画工作、家庭及び体育の各教科並びに道徳、特別教育活動及び学校行事等によって編成するものとする」（傍線は改正箇所）。文部省は、この条文により、教育界の反対を後目に道徳の特設を強行し、学校行事における日の丸・君が代の復活を進めようとした。

このことに関して、同年に文部省は次のように主張している。「学校教育の目的を達成するためにどのような教科を設け、どのような目標・内容を設定して指導するかは、学校教育法によって、文部大臣に任された行政権である」（同前掲書より重引）。決定権は我にありとする、文部省による「主観的教育課程論」の主張である。

六 「客観的教育課程論」の成立——一九七六

日本の教育界が文部省による「主観的教育課程論」の暴走を許してきた要因のなかには、教育現場の側における「客観的教育課程論」の遅れもあった。

このことに気が付いていた一人が数学者・教育学者の遠山啓《ひらく》だった。次のように述べている。「われわれがやらねばならぬ」こととは、これまで国がつくってきた「教科課程のなかから子どもたちのためにならないものをふるい出し、それが全体の体系のなかでどのような負の役割を演ずるかを明らかにするとともに、われわれの正しいと信ずる教育内容をつくり出して、それに対置してみせ」ることだ（『教育』一九六八年六月）。文部省による「主観的教育課程論」の暴走を止めるためには、教育現場の側こそが、文部省に先んじて、堂々とした「客観的教育課程論」を提示することが必要と遠山は考えたのである。

こうした教育現場の側からの「客観的教育課程論」の提示については、その到達点の一つが日教組の中央教育課程検討委員会（梅根悟《さとる》会長）が一九七六年に公表した『教育課程改革試案』（以下、改革試案）だった。学者一九人と教職員を含む専門委員五九人による二年間の研究成果で

表２　施行規則と改革試案の比較（小６）

1968 施行規則（文部省）	国語	社会	算数	理科	音楽	図画工作	家庭	体育	道徳	週標準時数
	7	4	6	4	2	2	2	3	1	31

1976 改革試案（日教組）	国語	社会	数学	自然	技術（※）	美術	音楽	保健・体育	総合学習	教科外	週標準時数
	5	2	5	2	2	1	1	2	1	x	21＋x

2017 施行規則（文科省）	国語	社会	算数	理科	音楽	図画工作	家庭	体育	外国語	道徳科	総合的な学習	特別活動	週標準時数
	5	3	5	3	1.4	1.4	1.6	2.6	2	1	2	1	29

※家庭は中学と高校で男女共修の方針になっていた

ある。

改革試案の小学六年に対応する部分をみてみよう（※表２）。一九六八年の施行規則は、教科・道徳・特別活動（標準時数外）の三領域だが、改革試案は教科（総合学習を含む）・自治的諸活動（教科外）の二領域とした。道徳は特設とせず、全教育活動で実施するものとしている。総合学習は、教科や教科外の諸活動でえた知識・能力を使って現実的課題を共同で学習するものだ。週標準時数は二一＋Xで、一九六八施行規則の三一から大きく削減しており、学校五日制でもとりくめる。その基本の考えは、午前教科、午後総合学習と教科外というゆとりのある教育課程案だった。この改革試案については、次の評価がある。「かくて権力の教育政策を批判・抵抗するにとどまらずより積極的な教育要求を対置し大衆的な運動のなかでその実現をせまるという運動が成長しはじめたのである」（海老原治善《はるよし》『民主教育実践史 新版』三省堂・一九七七）。

この改革試案が、一九七七〜一九九八年の三度に及ぶ国の教育課程基準の改正に影響を及ぼしてきた。一九七七施行規則は標準時数を削減、一九七七学習指導要領では内容削減の一環として天皇敬愛教育を削除。一九八九施行規則は削減した標準時数を維持（ただし一九八九学習指導要領は天皇敬愛教育を復活させた）。一九九八施行規則は総合的な学習の時間を新設し、五日制導入のために標準時数を削減、一九九八学習指導要領では総合的な学習の時間と五日制のために内容削減を行った。

これらについては、文部省による改革試案の「つまみ食い」という側面もあるが、それと同時に、改革試案を通じた「積極的な教育要求」の対置によって、文部省が「主観的教育課程論」を暴走させることを抑制してきた側面もあったとみるべきだろう。

七　道徳教科化の力関係――二〇一五

教育現場にとっての痛恨事は、その後に一九七六年の改革試案をこえる「客観的教育課程論」の提示ができなかったことだ。再び「主観的教育課程論」の暴走が起きる。まず二〇〇八施行規則が外国語活動の新設により標準時数を増加させ、二〇〇八学習指導要領が内容の増加を行った。

その暴走の頂点が二〇一五年である。施行規則第五〇条（一九四七年の第二四条）は次のように改められた。「小学校の教育課程は、国語、社会、算数、理科、生活、音楽、図画工作、家庭及び体育の各教科、特別の教科である道徳、（中略）によって編成するものとする」（傍線は改正箇所）。この条文により、いま全国で道徳の教科化がすすめられて

図　道徳教科化の力関係

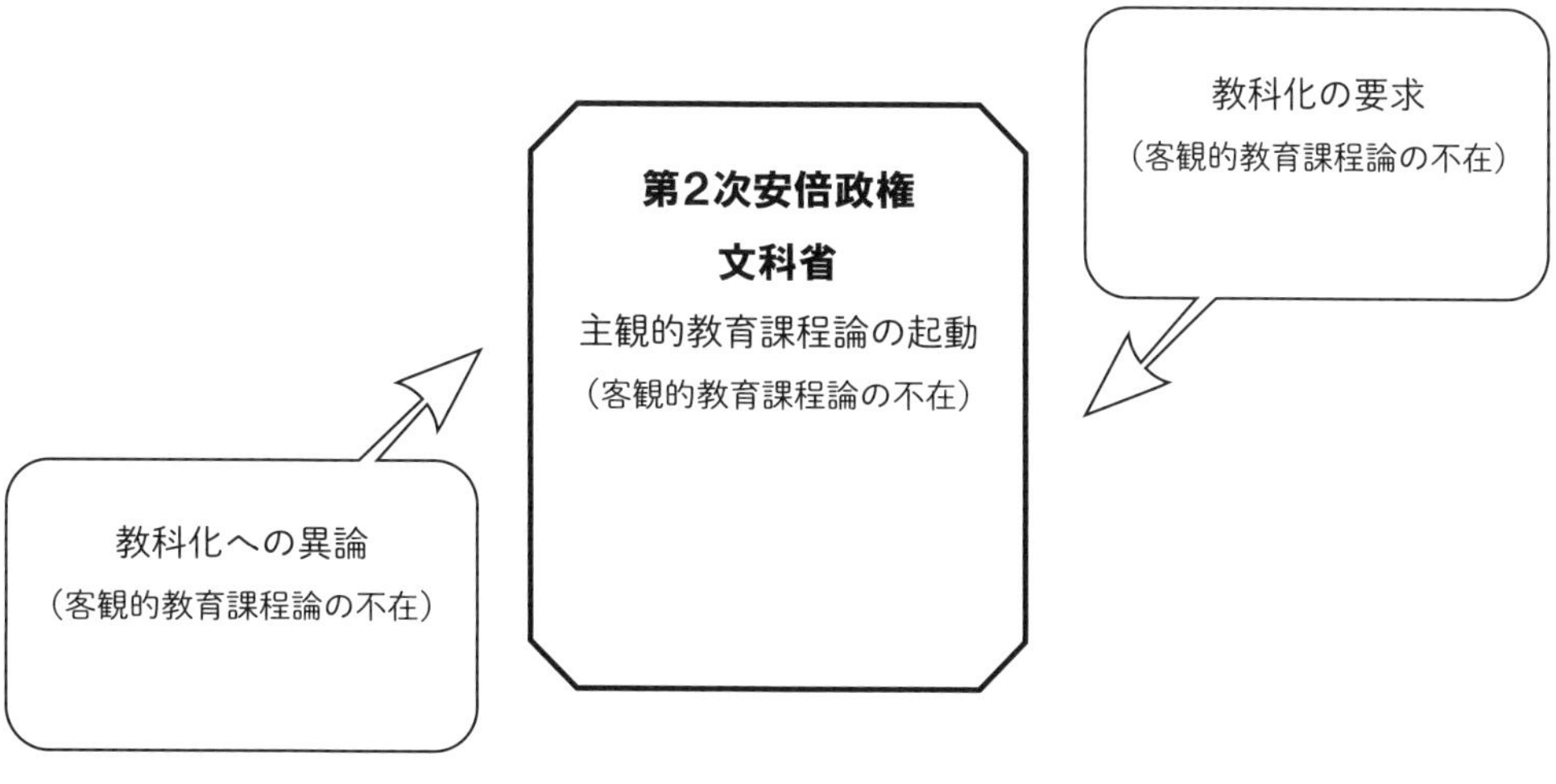

いる。
ここで道徳教科化にかかわる力関係を改めて整理しておこう（※図）。まず、日本会議をはじめとする右派勢力が教科化への要求を行っていた。この要求は一見すると強固にみえるが、そこには「客観的教育課程論」の裏付けはない。その反対側には、教育現場からの教科化への異論の提出があった。この異論の提出の動きは一見すると弱く見えるが、そこには子どもにとっていかなる教育課程が必要かについての経験知の裏付けがあった。この経験知が「客観的教育課程論」の提出と結びついていたら、その力はより大きいものになっていただろう。右派勢力と教育現場の正確な力関係は今も不明である。二〇一五年に寄せられたパブリックコメント五九九三件について、文科省は、教科化への賛成を八件、反対を七件に分類しているが、賛成と反対の実数の公表は行っていない。

文科省が教科化に乗り気ではなかったことは、第一次安倍政権下で始まった教科化の動きを二〇〇八年の中教審に見送らせていることからも明らかだ。前川喜平による教科化への批判も、省内の気分の一端を伝えているのだろう。文科省は、現場を無視した政策の具体化を可能にする「主観的教育課程論」の力に自縛されて、心ならずも教科化を行ったとみるべきではないか。

おわりに――どうすればよいか

「客観的教育課程論」の不在が「主観的教育課程論」の暴走を許している。だれかが「客観的教育課程論」をつくらなければならない。文科省には予算と研究の蓄積があるが、今後も独力ではそれをつくることができないだろう。文科省は、右派や財界からの教育要求をかわすのではなく、譲歩や一体化を重ねて教育課程基準をつくる長期傾向のなかにあるからだ。教育現場はどうか。民間教育団体と組合教研に昔日の高揚はなく、代案の対置など夢のまた夢なのか。だが、あきらめるべきではないだろう。まず、以下三つのことが大切ではないか。

第一は、経験主義による教育課程編成の積み重ねを活かすことだ。二〇一一〜二〇一九年度の全国教研リポート五四〇〇本のなかには三・一一の被災校において津波や原発事故の被害事実と向き合ったリポートが七八本あり、避難した子どもを受け入れた学校のリポートが一三本ある。子どもの生活の事実をふまえて、自然・社会・人間についての認識をふかめるための教育課程づくりの原点をそこに確認できる。岩手の菅野晋《すすむ》、片山直人、宮城の徳水博志、制野俊弘、福島の柴口正武《まさたけ》、深谷拓男《たくお》、千葉の山本晴久、東京の橋口由佳、兵庫の永田守らのリポートをぜひ教育界で共有したい。

第二は、系統主義による教育課程研究を活かすことだ。中島彰弘《あきひろ》を代表とする教職員五〇人は、二〇〇八と二〇一七の小中の学習指導要領の全頁を対象として、子どもたちに必要な内容をえらびだして下線を引き、子どもたちのためにならない内容をふるい出す作業を行い、『二〇一七小学校学習指導要領の読み方・使い方』と、『二〇一七中学校学習指導要領の読み方・使い方』（いずれも明石書店・二〇一七）にまとめている。両書からは、学習指導要領のなかの「客観的、学問的な裏付けのない部分」を明確にするための手がかりが得られる。そうした部分は道徳科に限られているわけではない。

第三は、コロナ下における教育課程について考えることだ。二〇二〇年度から小四～中三の標準時数が年一〇一五になるが、その二割の二〇三をこなすはずの四～五月に授業ができなかった学校が多い。どうするのか。B先生の学校では、県が夏と冬の休みに二〇日の登校日を設定したのに対して、これを一五日にとどめた。A先生の学校では、四月一〇日の文科省通知（文科初八七号）をふまえて一〇一五を下回る年八八九の授業時数を組んだ。二〇〇八年以降、標準時数と教育内容が増加の一途であるが、そのことが子どもの生活を圧迫している。この問題がコロナ下で顕在化したことを前にして、標準時数と教育内容の見直しが教育現場から始まっている。全体像の把握と分析が必要だ（大森研究室ＨＰの「コロナ下の授業時数についての提言」http://www.u-gakugei.ac.jp/~omori/ 参照）。

子どもに最適な授業時数については現場に経験知がある。まず、①標準時数の見直しを土台にして、②膨れ上がった学習指導要領の内容の見直しを行い（系統主義）、③総合学習を中心とした自主的な教育課程編成の意義を再確認していく（経験主義）。こうした「客観的教育課程論」を重ねることで、道徳の教科化のその後の方向性も、おのずと見えてくるのではないだろうか。

付記　三～五と七に関わる史実の詳細は拙著『道徳教育と愛国心――「道徳」の教科化にどう向き合うか』（岩波書店・二〇一八）に記したので併読をいただけると有難い。

「探究型」の学びの行方
——新高校学習指導要領の可能性と課題

どうしてる？　新学習指導要領

——学校現場教職員からのつぶやき

大木晴香
おおき・はるか
１９７２年生まれ、小学校教員

久保夏樹
くぼ・なつき
１９６２年生まれ、中学校教員

秋本功
あきもと・いさお
１９６３年生まれ、特別支援学校 寄宿舎教員

「特別の教科」になったけれど

編集部　道徳が特別の教科になって、具体的に変化を実感する時はありますか？

大木　やっぱり、教科書があるっていうのは大きいんじゃないでしょうか。今まで も副読本的なものはありましたけど…。

久保　今までなかった教科書ができたわけなんですけど、まだね、教科書をただやっていればいい、っていう雰囲気には、なってはいないです。うちの学校の特色的なものや、地域性もあるのかもしれませんが。子どもの実態に合った内容のものじゃないとね、っていう意識はわりと教職員のなかにあると思います。

うちの学校が使っている教科書には、子どもが書き込めるノートがついてくるんですよ。それに書き込ませていけば授業ができちゃうんですけど、そのまま使うんじゃなくて、子どもたちの様子に合ったワークシートをちゃんと作った方がいいよね、っていう雰囲気はあるんですよね。まだあるっていうだけで、この先どうなるかは正直わからないですけど。

大木　最初に教科書を見て思ったことは、かなり教材研究が必要だなっていうことでした。指導書のとおりにやって、教科書に対応してるノートを書き込んだら確かに道徳をやったことにはなるんですけど、それはよくないなと。クラスに子どもが三〇人いて、一〇人くらいはノートをなぞってるだけで参加してないなっていうふうにはしたくない。黙っているにしてもね、子どもがちゃんと参加できたって思える授業をしたいなと思いました。

例えば道徳で「正直」について書かれた話があって、「今日は正直っていうことについて勉強していくんだけど、いつでも全部を正直に言わないとだめだと思う？　それとも、正直に言わないことがあってもいいと思う？」っていう投げかけをした時、それに対してどういう意見があったとしても、そこに正解も不正解もないじゃないですか。そういう意味では、やり方次第で、子どもたちの気持ちの部分を解放できるところはあるのかなと思っています。そういう授業ができると、あからさまにつまらない顔をする子はいない。なので、読む道徳から考え議論する道徳へ、っていうのはまぁ、やり方次第なのかな、と。

秋本　参加、っていう観点ですよね。私は昔小学校に勤めていたんですが、その頃には支援学級というものはあまりなかったんですよ。障害のある子も、ごくあたりまえにクラスのなかで一緒に過ごしていました。みんなと同じ教科書、みんなと同じ教材を、その子向けにどうやって噛みくだいてやっていこうか、っていう話を教職員みんなでしてました。まず一緒にやってみて、それでうまくいかなければ次の段階でどういう手立てをとるか。字がわからなくても絵があれば理解できるとかですね。障害のあるなしにかかわらず、その子に必要な学習のフォローをしていくことが大事なわけですから。

探究していく授業、とは？

秋本　さきほどの参加の話なんですが、障害のある子がクラスにいる時に指摘されがちなのが「勉強をわからない子が教室でじっとしているだけでは、その子は学習していないじゃないか」という点なんです。だから、特別支援学校や支援学級で個別に授業をする必要がある、と。でも、その子がクラスにいて、ただじっとしているだけだったら、そのこと自体に疑問を持たなければいけないでしょう。じっとしていればいいんだからクラスでみんなと一緒にいることが大事だ、という話ではないですよね。その子の学習をみんなで考えていきましょうっていう話で、それが無理なのかどうかはやってみなければわからないし、最初から無理と決めつける必要もない。それに、勉強がわからなくてじっとしている子というのは、障害のあるなしに関わらず、クラスにいるかもしれないわけですから。

大木　道徳の小学校一年生の教科書に入っている「かぼちゃのつる」っていう話があるんですけど、これ、一年生には結構難しいんですよ。かぼちゃが大きくなろうとしてつるを道路に伸ばしてしまい、それを迷惑だよって注意されて…っていう話なんですが。まず、一年生はかぼちゃの「つる」が「伸びる」っていうことがわからないし、「かぼちゃが大きくなろうとしてるのがどうしてダメなの？」って言う子もいるし、「かぼちゃが大きくならなかったら日本から食べ物がなくなってしまう」って言う子もいる。文字じゃなくて絵で見せて授業したりするんですけど、その絵も教科書によって、かぼちゃがすごく悪い顔に描かれていたりして、そのイメージに引きずられることもあるし、そもそもかぼちゃはかぼちゃだから、自分に引き寄せて考えることも一年生には難しい。だから、わーっと思いもしない方向から意見が出てくるんですけど、でも、そういう一言ひとことに正解不正解があるわけじゃないので。間違ったらどうしようって怖がらずに発言ができる面はあるんじゃないかな、とは思います。

久保　道徳も含めて今はとにかく探究型っていうことを言われるんですよね。主体的・対話的で深い学び。そういう意味では、今やっている道徳は、そういう方向ですすんでいるんじゃないのかな、とは思います。だけど、他の教科はなかなかそっちに向かっていかない。意見が自由に言えて、話し合いの時間もとれて、答えがないものについていろいろ考えていく、っていう。そういう授業スタイルは、なかなか今の忙しさのなかでは構築しにくいんですが、道徳だと、やろうと思えばそれができるんですよね。他の既存の教科は固定観念もあるし、教職員自身がそういう授業を受けてきていないし、なかなか旧来型の授業の形式から抜け出せない難しさがあるんじゃないのかな。そういうなかで道徳はオープンエンドでいいよ、逆にこっちが道徳の「答え」を教え込むのは違うよねって、そういう共通認識はあるので。新しい形の授業がやりやすいというところがあって、「道徳って今求められているものに合ってるからいい」と思う教職員もいます。

「道徳」を評価するということ

大木　その授業のなかでの子どもの変容をとらえる、っていうことかなと思っています。道徳で、まず「どう思う？」って投げかけて、最初はこう思っていたけど、いろいろやった後でもう一回聞いたら最初と考えが違って、じゃあどうしてそういう思いに変わったのか？　っていうところですね。

　算数だったら、足し算した結果の数字がマルとかバツとか書けますけど、道徳は、その授業中にその子がどうだったか、っていうことを書くしかない。友だちと○○について話し合って考えを深めていた、とかですね。授業って、人の話を聞いたり自分の意見を言ったり考えたりしていくことで、自分の内面が変わったり、深まったりすることだと思ってるんですよ。だから、その時間でこんなふうにしていましたよっていうことを、評価では書いています。評価を書くというか、様子を書くというか。

　例えば、シルバーシートについての話を読んで、授業で考えて、その結果として電車のなかでシルバーシートを気にするようになったとかですね、それはそれでいいと思うんですよ。でもそれを、授業したからそういう行動になってすばらしい、っていう評価にするのはだめだと。行動を評価するわけではないので。

久保　道徳の教科化は小学校が先行していたので、校区の小学校がどんな評価の書き方をしているかを参考にしたり、例文をつくったり、っていうことはやっていました。記述式なせいもあってか、評価の書き方はああしろこうしろと直接的な指示があったわけでもないようです。逆に、どうやって書いたらいいのかなって教員自身が迷ってしまって、いっそ教育委員会が書き方を決めてくれたらいいのに、ってなってしまいがちなので、それはすごくよくないなと思っています。

編集部　評価にしても授業にしても、準備がとても必要だということですね。

大木　授業の準備は、子どもたちが帰ってからじゃないとできないので。勤務時間内に終わらせるとして、翌日の六時間分の授業の準備をする時間を逆算すると、三〇分くらいしか使える時間がなかったりするんです。それは無理じゃないですか。道徳も、次はこの話にしよう、ってすぐ決められるものでもなくて、クラスに話の内容と同じような状況の子がいるかもしれないですから、そこは選ぶなら慎重にやらないといけないですし。

久保　今は教科書をやりきるっていうこと自体が目的になってしまっていて、本末転倒気味なことが多いです。理科なんか、本来ならもっと、教科書に載ってない実験もやったら子どもたちの興味も出てくるのに、教科書をやっていくのが優先でそんな時間もないしで、探究型の授業はどこにあるんだ、と。

探究型で話し合いの授業だ、グループワークだ、といったって、クラス四〇人でやるのはグループの数も多くなってしまいますし、深めるところまでいくのは難しい。だから、それをやるにはクラスサイズを小さくするのが必須なはずなんです。でも、人も時間も設備もなくても、現場はがんばってしまうから。

編集部　条件がまったく整っていないのに、がんばってなんとかしてしまう、ということが現場にはたくさんある、と。

久保　ここずっとそんな状況です。時間がないなかで求められることが多いから、最短距離で最大限の結果を出したい、っていう思いが強い教員は増えているんじゃないかなと思います。最短距離で最大限の結果を出すためには、間違っているヒマもないというか、間違ってはいけない、という思いも強い。

以前、憲法学習をやろうっていう時に、「私は憲法を教えられないのでできません」って、後輩の若い教員に言われたことがありました。教えるんじゃなくて、子どもと意見を交わしながら自分も勉強していく、そういう形でいいと思うんですけどね。あとは、昔以上に「中立」でなければいけないっていう意識もあるんでしょうね。それは、支持政党がどうこうという話ではなくて、何に対しても、教員自身の意見を言ってはいけない、意見を言ったらそれは「中立」でなくなってしまう、っていう、そういう感覚なんだと思います。むしろそれは、その教員自身が素直で真面目だからこそ、「中立」っていう言葉をストレートに受け止めてしまうというか、疑問を差しはさまない。子どもに情報リテラシーが必要ってよく言いますけど、教員側にこそ求められているという面はあるかもしれないです。

結局は、子どもたちとの関係性

久保　本来であれば、探究型っていう学習指導要領が出てきたのなら、それを教職員が探究するための準備の時間も必要だし、子どもたち自身が探究するための授業の時間も必要だし、設備もいるし、それを支える人も必要だし、柔軟なカリキュラムも必要です。条件整備も一緒にされないとだめじゃないですか。それに、カリキュラムは子どもたちの状況に合わせてつくっていかなければならないものだと思うんです。今、子どもたちにとって何をやらなければならないか、何が必要か、それは教科も含めてですね。教科書を順番にやってるだけでいいのかって、それだけでいいはずはないですから、考えていかないと。

秋本　障害のある子や、外国につながる子どもたちは、学習指導要領上でいくと、特別の教育課程で授業ができるようになっています。「自立活動」（特別支援学校、特別支援学級、通級による指導の教育課程において設けられた指導領域）といって、子どもたち一人ひとりの学習上、生活上の困難を改善・克服するための指導領域とされているんですが、この「改善・克服」という言葉が学習指導要領の目標のなかに入ってしまっているのは問題だと思っています。引用すると、「障害による学習上又は生活上の困難を改善・克服し自立を図るために必要な知識、技能、態度及び習慣を養うこと」となっているんですね。求められるのは周囲や社会のインクルーシブさであるのに、あくまで本人に「改善・克服」を求めてしまうのはどうなのかと、それはずっと思っています。

　また、同じ特別支援学校でも、いわゆる準ずる教育といって、小中学校とほぼ同じ教育内容を学習している子どもたちもいます。でもその子たちにも「自立活動」の部分があるわけで、これをどうつくっていくのかという課題は、新学習指導要領になっても変わっていないですね。

　気になっているのは、「専門性」という言葉です。自立活動で、一人ひとりの教育課程をつくっていくわけですが、たとえば、ダウン症の子なら、ダウン症の専門的な知識を持った人が専門的な授業をするべきでしょう、という風潮が年々強くなっている。でも、その子がダウン症だというのは、その子にとっての一部分であって、日々の生活や育ってきた背景はそれぞれ違うわけですよね。性格だって違います。だから大事なのは、その子に合った支援とは、その子に合った教育課程とはどういうものかを考えていくことだと思っています。ダウン症の子についてはこの教育方法が一番なのでこれをやりましょう、と言われても、それをみんな一律に当てはめられるものではない。

久保　結局は関係性の問題だと思うんですね。道徳の教科書に書いてあることを、「そんなのきれいごとだ」と感じている子どももいるわけで。だから、教科書をやって、それについてどんなに良いことを教員が言ったって、子どもたちがその教員に対して「なんだこいつ」って思っていたら、その人の話なんか聞かない。せいぜい聞いたふりして終わりですよね。どんな素晴らしい授業をしたところで、そう思われていたらしょうがない。

大木　道徳が教科化されるっていうそもそもは、いじめの問題が大きな要因としてあったんですよね。でもそれこそ、そもそも論として、道徳が「特別の教科」になったからといって、それだけでいじめは解決できないんですよ。関係性のなかでしか解決できない。いじめはいけないことだからやめようっていう「心情を育てた」からといって、一斉になくせるものじゃないじゃないですか。そう教えたから、それだけで困ってたことがうまくいくようになるっていう、そんな簡単な話があるわけでもないんですよね。

久保　子どものわがままを聞くということではなくて、教員と子どもが対等に話をできる関係をつくっていかないといけないんじゃないかと思ってるんです。人の上に立とうと思えばしんどいけれど、上じゃなくて、下になる必要もなくて、対等にね、子どもたちと話して、教えることも教えられることもあって、それでいいじゃない、と。

教員の力量というのは、どういうことを教えられるかではないと思うんです。それだったらほんとにAIでいいわけじゃないですか。でも、授業ってそうじゃない。子どもたちとの関係をつくってそれを積み重ねていくことで、それが生きていく上でのいろいろなことにつながっていくわけですから。子どもと教職員、そして子ども同士が、どう関係性をつくっていくか、ということが基本なんだと思います。

連載

世界の子どもの一日 16
アフガニスタン

公益社団法人　シャンティ国際ボランティア会

山本英里　やまもと・えり

静岡県出身。二〇〇一年四月よりインターンとしてシャンティタイ事務所に入職。二〇〇二年にシャンティよりユニセフジャララバード事務所に出向、シャンティアフガニスタン事務所の設立、教育復興事業に約八年間従事。二〇一九年七月より事務局長兼アフガニスタン事務所所長。共著『わたしは10歳、本を知らずに育ったの。アジアの子どもたちに届けられた27万冊の本』（合同出版）、『図書館は、国境をこえる——国際協力NGO30年の軌跡』（教育史料出版会）。

※公益社団法人　シャンティ国際ボランティア会

一九八一年設立、アジアで子どもたちの教育支援や緊急救援を行うＮＧＯ。すべての子どもに教育の機会を届けるため、地域の文化や対話を大切にし、図書館活動や学校建設を行っている。

写真　撮影者名のないものはシャンティ国際ボランティア会撮影

▼アフガニスタンの風景 © 安井浩美

紛争下に暮らす子どもたち
――日常を求めて

アフガニスタンの現状

一九七九年、ソ連侵攻により勃発したアフガニスタンの紛争は、一九八九年のソ連撤退まで一〇年近くに及んだ。その後、ソ連侵攻に対抗するために生まれた軍閥たちの権力争いによる内戦が激化、内戦を終わらせようと新たな武装勢力であるタリバンが台頭する。一九九六年にタリバンが全土を掌握し、タリバン政権を発足。約五年に及び教育、貨幣、娯楽の禁止など恐怖政治が続いた。二〇〇一年の9・11米国でのテロ事件をきっかけに米軍がタリバン政権に対してテロ組織をかくまったとして攻撃。タリバン政権が崩壊し、新政権が誕生したものの、タリバンを含む反政府武装勢力によるテロ攻撃が今も続いており、年間約一万人の死傷者を出している。

九歳で初めて知った自分の故郷

二〇一六年、ナジナ（一三歳、女性）はその他の数多くのアフガニスタン難民と同様、パキスタンからアフガニスタンに強制的に帰還をさせられた「帰還民」の一人である。アフガニスタンでは、長年続いた紛争により、多くの人々が隣国イランやパキスタンを中心に難民として流出している。多い時では六〇〇万人ともいわれ、現在でも約一四〇万人のアフガニスタン難民がパキスタンで生活している。二〇一六年には、パキスタン政府の難民政策の方針転換により、約三〇万人のアフガニスタン難民が強制的に帰還を強いられた。

◀ ナジナ 13 歳、自宅にて

帰還した多くの人は、長年にわたる難民生活の中で故郷と疎遠になっていたり、紛争で家を失っていたりで、帰還しても住む場所がない人がほとんどであった。この時、アフガン政府は、過去の土地問題などの経験から帰還民のためのキャンプの設置など、仮設住居を設置することを許可しておらず、帰還民は親戚や知人の住宅に身を寄せて生活するか、広大な敷地を有する家の敷地内に野宿させてもらうしかない状況であった。

ナジナは九歳にして生まれてはじめて故郷の地を踏むことになる。ナジナの家族は、ナンガハル県ソクロッド郡の出身だが、もともと住んでいた家は政府軍とタリバンとの戦闘で粉々に破壊されてしまったままになっている。そのため、故郷に戻る事ができないナジナ達は、ナンガハル県の中

▲ アフガニスタンに帰還した難民、帰還直後はテント暮らしの人も多い

◀ アフガニスタンの風景 © 安井浩美

▼ アフガニスタンに帰還した難民の家族

心であるジャララバード市内に家を借りて住んでいる。パキスタンにいたころは、父親は近くの工場で働いていた。裕福でなくとも日々の食べ物に困ることはなかった。ところが、アフガニスタンへの帰還は突然のことで、着の身着のままで帰還することになり、少しばかりの現金は借家の賃料に消えてしまった。職を失った父親は、何とかつてでリキシャー（三輪車のタクシー）の仕事を見つけたが、大した現金収入にはならず、食べていくのがやっとの生活である。

ナジナは、帰還当時のことを振り返り、あの時ほどつらかったことはなかったという。住むところも食べるものもない上、銃撃、爆弾は日常茶飯事。九歳の少女にとって、初めて訪れた祖国で、生まれて初めて経験する恐怖の日々となったのだ。夏は直射日光下で五〇度以上、冬は首都のカブール程ではないにしろ、氷点下になる。砂嵐のような突風が吹けば、簡易テントの屋根はすぐに吹っ飛んでしまう。ナジナの家族を含む多くの帰還民はそんな厳しい生活からのスタートとなった。

少しずつ取り戻す日常

ナジナ一家がジャララバード市で暮らし始めて、

学校で勉強する子どもたちの様子 © 安井浩美 ▼

四年が過ぎようとしていた。一三歳になったナジナは、小学校五年生として毎朝学校に行っている。アフガニスタンでは、ナジナのように、学校に行く機会を失い、年齢を過ぎて小学校で勉強をしている子どもたちが多い。

　アフガニスタンでの就学児童数は、二〇〇一年にはほぼゼロに近かったが、現在は約六五〇万人の子どもたちが小学校に通っている。しかし、女子児童の就学率は三五％程度に留まっている。加えて、ここ数年の治安悪化により減少傾向が続いている。アフガニスタンの都市部以外では、保守的慣習が根強い地域も多い。

　ここ東部地域は、ジャララバード市以外、かなり強い保守的地域である。女性は月経が始まる年齢になると、一人で外出をしたり、家族以外の男性に接触することは許されない。女性が厳しい掟を破れば、家族や親族による名誉殺人も珍しくない。多くの地域では、学校に女性の教員がいないことから、女子児童は、大体小学校四〜五年生くらいまでしか学校に通うことができない。ナジナが学校に通い続けられていることは、彼女にとって帰還後の暮らしの中で唯一の幸運である。

　アフガニスタンの学校教育は長い間暗記式授業が主流であった。イスラーム教の聖典であるクルアーンを暗記するように、体を揺らしながら公用

▼ 学校に通う子どもの風景 © 安井浩美

語であるパシュトゥン語やダリ語の文字を教員の後に続いて暗唱していく。近年の教育改革では、子ども中心型の授業が提唱されているものの、学校間での質の差は大きい。多くの学校は、学校校舎や教員の不足により、二シフト制をしいているため、一人の子どもが学校に行くのは午前か午後の数時間程度である。昼食はそれぞれ家に帰ってからとるか、食べてから学校に行くかである。ナジナは、学校に通うことができるのがとても嬉しいという。

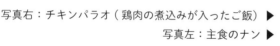

土壁の家での生活

朝は、日の出に流れる礼拝への呼びかけのアザーンとともに起きる。まだ薄暗い中でお祈りをする。男たちは近所のモスクに足を運んでお祈りをする人も多い。アフガニスタンでは女性が行けるモスクはほとんどない。その足で、市場に行き、新鮮な野菜や主食であるナンをその日分買う。ジャララバード市内では薪の高騰に伴い、かまどでナンを作る家は少なくなったという。年々物価の高騰で、値段は据え置きだが、ナンの大きさが徐々に小さくなっている。男児は父親の買い物に付き添い、女児は大抵家で母親の手伝いをする。ナジナも学校に行く以外の時間のほとんどは朝から晩まで母親の家事を手伝っている。

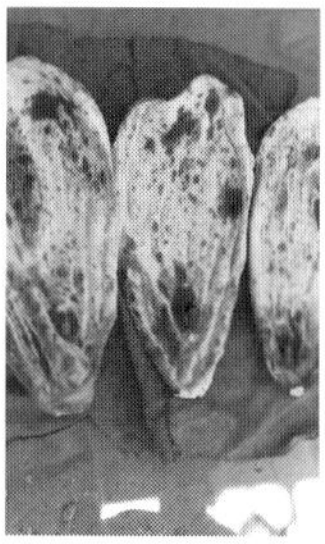

写真右：チキンパラオ（鶏肉の煮込みが入ったご飯）▶

写真左：主食のナン▶

朝食は、ナンに砂糖入りの緑茶、少し裕福な家になれば、ジャムや卵焼き、ミルクティーが出てくる。最近の台所は、ガスボンベを使ってガスコンロが設置でき、圧力鍋を使って野菜の煮物料理を作るのが一般的だ。ナジナの家の台所にもガスコンロがある。昼食や夕食は、季節ごとに市場に出る野菜（ほうれん草、オクラ、なす、ジャガイモなど）をギーというバター油で煮込む煮物と玉ねぎやニンジンのスライスのサラダが多い。カラヒという鶏肉のトマト煮込みは、パキスタンでは唐辛子を入れてスパイシーにして食べるが、アフガニスタンでは辛いものは好まれない。鶏肉は生きたまま市場で買ってきて家で調理をするため、毛をむしったりきれいに洗ったりするのに手間がかかる。米や牛肉、羊やヤギの肉はぜいたく品だ。

水道はないため、共同井戸から水を汲んできて、バケツに水をためておかなければいけない。土壁と日干し煉瓦で作られている家は埃がたまりやすく、頻繁に掃き掃除が必要になる。調理、洗濯、入浴共に井戸水を使用するため節約しながら使う。水運びは子どもたちの仕事の一つだ。ナジナの手伝う家事には、洗濯もある。板に打ち付けながら手洗いで行う。アフガニスタンの伝統的民族衣装は刺繍を施した厚手のものが多いが、最近ではシャルワカミーズといわれるパキスタン製の衣装を身にまとっている人が多い。布を市場で購入し、それぞれの家で縫製する。

アフガニスタンの家々は、大きな土壁に囲まれているため、家族以外の外部の人間が家の中まで入ってくることはまずない。特に家族以外の男性が家の中まで入ることは慣習で禁じられている。子どもたちにはそういった制限はない。近所の子どもたちが、ナジナの家にも遊びに来る。子どもたちが集まると縁側に集まって、子どもたち同士で遊びが始まり賑やかになる。アフガニスタンの子どもたちは何もなくても、手遊びや歌遊びで笑いがこぼれる。木々を使った陣取りゲームやスカーフを使ったハンカチおとしのようなゲームで遊んだりする。

ジャララバード市にあるナジナの家には電気は通っているが、停電が多く不安定であり、あまり期待できない。家での宿題も明るいうちにすませないと夜の暗がりでの勉強は大変になる。食事が終わり、夜のお祈りを済ませたら床につく。夜は治安が悪いため、出歩く人はほとんどいない。

▲ 土埃が多いため、毎日の掃き掃除はかかせない

◀ イード（犠牲祭）などの祭事には特別な料理がふるまわれる

▼ ナジナの家の台所

▲近所の子どもたちと遊ぶナジナ

学校や家事の合間に訪れる図書館▶

市内で唯一の子どもが子どもでいられる居場所

今からおよそ一七年前、私はジャララバードに住み、子どものための図書館を設立するために奮闘していた。二〇〇一年のタリバン政権崩壊から アフガニスタンの復興が始まり、その時は多くの難民たちが、自国へ希望に満ちて自発的に帰国していた。学校も再開し、嬉しそうに学校に通う子どもたちの姿があちこちで見られた。しかし、学校は午前か午後の数時間、家に帰っても、治安が悪く外で遊ぶことができない。この時に学校に通えている子どもたちは一部で、学校に通えず、生活のために道に出て働いている子どもも多くいた。道ですれ違う子どもたちの多くは、険しい顔をし、夢も希望も失ったような目をしていた。

子どもが安全に楽しく過ごせる場所を作りたい。そんな思いで、民家の一室に子ども図書館を開設した。子どもたちは、学校や家の手伝い、時にごみ拾いなどの生活のための仕事の合間に子ども図書館に立ち寄る。ここでは、読書、お話し読み聞かせ、レクリエーション活動に加え、学習教室、縫製教室を開催している。月ごとにテーマを決め

▲ シャンティが支援する子ども図書館 © 安井浩美

てイベントが行われ、子どもたちが主体的にプログラムを考え、司会をしていく。タリバン政権下では禁止されていた伝統音楽による舞踊も取り入れていった。

ナジナもまた、二〇一六年の帰還以降、この図書館の存在を知り、定期的に通ってくる子どもの一人だ。ここでの願いの一つは、女児に力と希望をつけることである。早ければナジナの年で、自由な生活を奪われてしまう。教育の機会も失ってしまう可能性もある。そのような中、読書を通して物語の楽しみや学び続ける方法を知り、希望を得ることで、学びの意欲と希望を持ち続けて欲しい。ナジナも、縫製教室に熱心に参加している。最近では、自分の作ったものを近所の人に買ってもらい、少しばかりであるが家計の足しにしているという。子どもたちが自発的に学んだことを次へとつなげていることが嬉しい。

一八年目を迎えるこの図書館には、今も様々な背景の子どもたちがやってくる。学校に行っていない子も、帰還民の子も、国内避難民の子も、皆ここでは自由に、公平に過ごす。子どもが子どもらしくいられ、アフガニスタンの紛争下に暮らす子どもたちの心を癒すことができる、そんな居場所がもっと増えていって欲しい。

表紙のこと

プラム・プラムです ①アマビエ。革命か独裁にでもよるのでなければ為し得なかったであろう変革が一斉に試みられている昨今の状況は、コロナ禍以前にはまったく想像のつかないものでした。たとえば私も一教員として経験したリモート授業ですが、これが授業として完成したならば、もはや教員や授業が特定の学校に帰属する理由はなくなります。そもそも画家もデザイナーもみな作品や書物からこそ学んできたのであり、その意味ではつねに生身の教師不在の「リモート授業」で勉強していたと言えます。学校とはどのような存在なのか？イロイロ興味深いところです。②〈高等学校学習指導要領（二〇一八年告示）〉には「英語で議論」しようとありますが、誰がどのように文言を決めたのか、GO TO TRAVEL が文法的に不自然であると話題に。③台湾総督府。大日本帝国統治下において建設され、現在は中華民国総統府。前出指導要領には歴史教育の内容について、「列強の進出と植民地の形成，日清・日露戦争などを基に，列強の帝国主義政策とアジア諸国の変容を理解すること」とあります。我が国の植民地、帝国主義の歴史を学ぶことは、現在の社会の仕組みを知るためにも必要でしょう。④北斎描くアマノウズメ。⑤広重による浮世絵より。前出指導要領には「伝統と文化を尊重し，それらを育んできた我が国と郷土を愛する…（道徳教育に関する配慮事項）」とあります。十年ほど前になぜか話題になった「江戸仕草」ですが、広重描く江戸時代の風俗に江戸仕草として有名な「傘かしげ」は描かれていません。⑥産業実習。私なら、すぐにいなくなる人間にまともな仕事は任せられませんし、大事な仕事のプロセスを見せたりもしないでしょう。ちなみに外国人を対象とした技能実習生がかなりの割合で搾取にあっているとの批判がありましたが、その反省は「国際社会に生きる日本人としての自覚を身に付け」よと要求する人々にあっては十分に生かされているのでしょうか？⑦「アベノマスク」。不透明な発注過程、不自然な生産過程とカネの流れ。質の悪さと配布数の中途半端さ等々により炎上。⑧マルコムX。根強い人種差別に対する抗議運動がアメリカで勢いを増してきました。我々に今すぐ「答える・応える」ことを求めるこうした運動は、道徳とは何かを学ぶための良い教材になりますね。

次号のお知らせ
教育と文化 100 号　2020 Summer
2020 年 10 月下旬発行予定

教育と文化通巻 99 号
2020 年 9 月 15 日発行
編集人　菊地栄治
編集　一般財団法人 教育文化総合研究所
デザイン　PLUMP PLUM（プラム・プラム）

発行人　則松佳子
発行　（株）アドバンテージサーバー
東京都千代田区一ツ橋 2-6-2 日本教育会館
TEL 03-5210-9171
FAX 03-5210-9173
URL https://www.adosava.co.jp/
印刷　シナノ印刷株式会社
ISBN 978-4-86446-070-5

98号以前のバックナンバー

98号；特集アディオス！能力主義　執筆者◆池田賢市、伊藤書佳、山﨑俊一、青野かすみ、中村昇
○座談会　Ⅰ池田賢市×市野川容孝×伊藤書佳×菊地栄治×工藤律子　Ⅱ池田賢市×市野川容孝×伊藤書佳×工藤律子×施依依×松嶋健　◇連載　是恒香琳、子どもの知恵袋

97号；特集　民意ってなんだ！？　執筆者◆工藤宏司、名古谷隆彦、柳沢文昭　○座談会　堅田香緒里×桜井智恵子×広瀬義徳　◇連載　是恒香琳

96号；特集　悩めるおとなに子どもが答える　子どもの知恵袋SPECIAL　○まんが　子どもの知恵袋　回答者　はっちゃん　作画　タタン　執筆者◆原ひとみ　池田賢市
◇連載　○子ども・教育政策Watch　里見宏　○私の本棚　はさん　◇新所長就任のご挨拶　菊地栄治

95号；特集　Youth against establishment——子ども・若者の体制への抵抗　○対談　斎藤幸平×桜井智恵子　執筆者◆佐藤学　○インタビュー　社会学者・工藤宏司さんに聞く　○対談　都いずみ×勝山実
◇連載　是恒香琳　○世界の子どもの一日日本・朝鮮学校　根岸弓　○私の本棚　佐野利男

94号；特集　学校の安全と安心Ⅱ　○対談　山口幸夫×金井利之　○対談　星加良司×堅田香緒里
○インタビュー　公衆衛生学博士・里見宏さんに聞く（聞き手／編集部）

93号；特集　学校の安全と安心　○教育総研「企画・編集会議」座談会　教育と学校　おとなと子ども
安全安心と自由と自律　堅田香緒里×桜井智恵子×金井利之×名古谷隆彦
○座談会　教職員の多忙化、根本的解決のために——「教職員の自己規制と多忙化」研究委員会が解き明かしたこと　四方利明×長野恭子×広瀬義徳×川崎琴音×鈴木さやか　司会 桜井智恵子
◇連載　○子どもの知恵袋　○私の本棚　田口康明

92号；特集　教育の民営化・多様化をめぐる誤解とねじれ　執筆者◆市川昭午、中島千惠、四方利明
○対談　佐々木賢×桜井智恵子　○インタビュー　浜矩子さんに聞く　聞き手／金井利之　○インタビュー
政治学者　齋藤純一さんに聞く　聞き手／編集部　○特別論考　バーバラ・コッホ・プリーヴェ
翻訳／山梨彰　◇連載　是恒香琳、中島浩籌、杉田宏

休刊のお知らせ

1995年の創刊以来、25年間ご愛読いただいた「教育と文化」は、100号（2020 SUMMER）をもって休刊させていただくこととなりました。100号までご愛読のほど、よろしくお願いいたします。

バックナンバーのご購入

最寄りの書店へご注文ください。「アドバンテージサーバー発行の『教育と文化』」と伝えていただければ取り寄せ可能です。手数料はかかりません。

アドバンテージサーバーのホームページからもご注文いただけます。https://www.adosava.co.jp

アドバンテージサーバーから直接購入することもできます。

本体価格１０００円+税+郵送料を郵便振替でお振込みください。

郵便振替 00170-0-604387 ※ 郵送料は、冊数によって変わりますのでお問い合わせください。

お申し込み・お問い合わせは

（株）アドバンテージサーバー

電話　03-5210-9171　FAX 03-5210-9173

9784864460705

1923037010004

ISBN978-4-86446-070-5

C3037 ¥1000E

定価（本体1,000円＋税）

教育と文化

99

2020 Spring